段祺瑞重要謀士

曾毓雋回憶錄・附《段祺瑞秘史》

曾毓雋——原著・蔡登山——主編

導讀　段祺瑞軍師曾毓雋及其《回憶錄》

蔡登山

北洋軍閥中，皖系以段祺瑞為領袖，段祺瑞被稱為北洋虎將，以三造共和著稱於世，為民國初年的顯赫人物，曾經左右中國政局。而在段祺瑞幕府中則以徐樹錚、曾毓雋為謀主。曾毓雋是文士，徐樹錚是武將，兩人可說是段祺瑞的左膀右臂，俗稱「軍師」，其重要性可想而知。而曾毓雋後來做到北洋政府的交通部總長，成為一代北洋重臣。

曾毓雋（一八七五－一九六七），譜名以烺，字雲霈。祖籍福建省長樂縣，後遷居閩縣（福州市區）孝義巷。清光緒元年（一八七五）八月五日生於福州東街孝義巷口東邊的曾暉春「五子登科」宅邸。他自幼機警過人，為大伯曾宗彥所重視，收為義子。光緒二十年（一八九四），考取甲午科鄉試舉人，與同鄉劉崇佑、李宣龔等人同科，有的書籍所說，他「早年就讀於福建船政學堂，後被選送出國留學。一八九八年回國後參加鄉試得中舉人」，這明顯地是錯誤的。曾毓雋中舉那年，虛齡二十，僅比其祖父曾兆鼇中舉時，年長一歲而已。這一家，從曾毓雋的高祖父曾暉春、曾祖父曾元炳、祖父曾兆鼇，到胞伯父兼誼父曾宗彥，為清代福州唯一的四代直系接連進士；若以曾宗彥的胞弟曾宗誠（即曾毓雋之父）舉人這一房來算，直至曾毓雋，則為五代直系接連舉人以上的科名，可謂不易。

曾毓雋曾有〈辛丑出山別諸親友〉詩：「秋風已老露為霜，客子行行欲遠將。誓墓忽乖心所願，奔波敢畏道之長。隻身聽鼓行羌土，中表分襟到漢陽。相約年年酬唱句，一函郵寄趁花黃。」其嫡堂大姪女曾明生前回憶：「四叔毓雋離榕前，我祖父曾宗彥贈他一座房產，出售後用作其北上發展的經費。四叔後來當上北洋政府交通總長，也出錢邀我胞姑兼婆婆曾氏赴北京一遊。四叔二十六歲離開家鄉，就再也沒有回來過。」

曾毓雋在清末曾任京兆良鄉知縣，後升道員。宣統二年（一九一〇）春，曾毓雋至江蘇清江浦（今淮陰縣）投靠江北提督段祺瑞，任總文案兼管糧餉局，深得賞識，被保薦為道員，不久，升任郵傳部參事。武昌首義後，曾毓雋隨段祺瑞由京南下漢口，出任北洋軍第一軍軍需官，在此期間他和徐樹錚、靳雲鵬、傅良佐等人參預機密，積極參加了南北議和及通電逼宮等一系列重大活動。袁世凱竊國後，由於段祺瑞的力薦，曾毓雋入交通部任僉事。他極力結交梁士詒、曹汝霖等舊交通系要人，旋升任交通部次長。一九一四年後，袁世凱與段祺瑞的不和日趨浮上檯面，曾毓雋因支持段祺瑞「拒不勸進」而遭袁世凱嫉恨，改任京漢鐵路總辦。一九一六年三月袁世凱被迫取消帝制，恢復共和制，邀請段祺瑞出任國務總理，曾毓雋返北京幫段祺瑞籌備組閣。黎元洪繼任總統後，段祺瑞仍實際掌握北洋軍政大權，任命曾毓雋為國務院秘書，實質上是段祺瑞的私人秘書。

在後來的府院之爭及張勳復辟事件上，曾毓雋在執行段祺瑞的命令下，扮演著重要的角色。府院之爭，黎元洪免了段祺瑞的職，為了報復黎元洪，段祺瑞派心腹徐樹錚、曾毓雋勸說張勳派兵進京，驅逐黎元洪下台。各省督軍代表到張勳的駐防地徐州開會，一致推舉張勳出兵入京，推翻黎元洪，擁戴馮國璋當大總統，恢復段祺瑞總理之職。張勳的代表提出可以出兵，但是要求扶持溥儀復辟。起初，大家沒有答應。僵持良久，徐樹錚、胡嗣瑗等人商量，先假裝答應張勳擁戴溥儀復辟的條件，利用張勳入京，等張勳推翻黎元洪之後，再另想辦法解決張勳。結果，各省督軍代表在一張黃緞子上簽名，同意張勳搞復辟，張勳不知是計，於是派兵入京，打倒了黎元洪，並風風火火地搞了一場復辟。不料，段祺瑞突然在天津馬廠誓師，征討張勳。曾毓雋後來在《回憶錄》之〈憶語隨筆一〉中說：「段祺瑞曾經說過：『張勳帶兵入京打倒黎元洪，是上了我們的當了』。徐樹錚也說過：『張勳是復辟腦袋，先讓他幹，我們才有機會倒黎執政』。」從曾毓雋的這番話，可以看出張勳其實是上當受騙了。曾毓雋在征討張勳時，任討逆軍司令部軍需處處長。

一九一八年三月，他受段祺瑞指使在北京安福胡同組織俱樂部，操縱新國會選舉。八月，當選為新國會議員，出任國務院秘書。十月，任交通部次長兼國有鐵路督辦。一九一九年一二月，任靳雲鵬內閣交通總長。次年七月，直皖戰爭爆發，皖系失敗，曾毓雋被通緝，逃進日本使館，後轉道日本返天津租界居住。一九二三年曾毓雋正圖謀東山再起，為了控制全國海軍，該年四月八日他通過弟弟曾以鼎，花錢策動「海籌」等艦在上海搞「滬隊獨立」，推親皖系的林建章為海軍處領袖，而立之年的曾以鼎也一躍成為掌握實權的參謀長。他們反對直系軍閥「武力統一」全國的政策，主張「聯省自治」。雖然當時孫中山反對各省借「自治」而割據，但孫中山主張和平統一，因此對滬隊獨立還是表示歡迎的。曾毓雋因此對孫中山深有好感。可是「滬隊」不久又倒戈，使皖系再次敗於直系。

一九二四年十一月一五日，奉系軍閥張作霖、國民軍馮玉祥等，公推已經沒有實力的段祺瑞為「臨時總執政」。段祺瑞於二十四日入京就職。曾毓雋對執政府的前途十分悲觀，拒絕出任內閣閣員，僅擔任了掛名的政府總參議。段祺瑞心情鬱悶，一日，與曾毓雋聊天，曾毓雋認為張作霖、馮玉祥捧段祺瑞上位是暫時的：「我認為老總在如此形勢下急於上台，好比是一張三條腿的桌子，一攻便倒。」段手握茶杯說：「此杯固是鋸合而成者，我握之掌中，可暫不碎，若我放手便落地碎矣。」曾毓雋說：「杯不由我碎，待碎時由我全之，則反易耳。」（見《回憶錄》〈憶語隨筆一〉）這段對話反映出他們兩人對時局和策略的運用不同的看法，而不幸地都為曾毓雋所言中了，也證明了段祺瑞是當局者迷，而曾毓雋是旁觀者清。

曾毓雋又說：「現東南之孫中山，西南之雲南唐繼堯、四川劉湘均極有力量。迎孫中山先生北上，相聚一堂開會解決國事如何？」段祺瑞馬上採納了，答道：「甚好，我同意。你速進行，姑試之。」此為孫段合作之開始（見《回憶錄》〈憶語隨筆一〉）。隨後，曾毓雋派堂兄曾毓昫（曾宗彥的第三子）攜函南下，先與老鄉林森接洽。林森徵得孫中山同意，隻身進京，由曾毓雋引見給段祺瑞。林森首先表示，孫先生欲先決者為聯俄問題。段祺瑞說：「吾國與俄毗連萬餘里，睦鄰為國家大計所關，我無異議。」林森南歸復命，電稱孫中山先生願北來。曾毓雋又派曾毓昫帶程儀兩萬元呈孫先生，孫中山以親筆收據一紙交與毓昫。（見《回憶錄》〈憶語隨筆一〉）。後來，段祺瑞派人南下迎接孫中山和夫人宋慶齡。孫中山於一九二四年十二月三十一日抵京，歡迎者約十萬之眾。一九二五年三月十二日，孫中山在京不幸病逝。一九二六年，段祺瑞通電下野，曾毓雋隨之退居天津。

民國初年，時任北洋政府交通部總長的曾毓雋將在北京南城天壇北門外金魚池的西池買下，計有一百多畝，修建了「知樂魚莊」。在上世紀二、三十年代名噪一時，成為北京最大的金魚養殖場，並設立營業部，展銷各種金魚，兼做批發零售，當年那些走街串巷叫賣金魚的商販，多從此處進貨。曾毓雋將「知樂漁莊」交給趙德鵬、趙奎玉管理。

一九三七年「七七事變」後，日本侵略者進入北京，受戰亂影響，正常的民眾生活都難以維繫，金魚池的生意更岌岌可危。一九三八年，梁鴻志組織日偽「維新政府」，要其參加，曾毓雋不甘與之同流合污，逃亡香港。同年六月，他轉到重慶，任國民政府賑濟委員會委員，直到一九四一年。

一九四九年後，曾氏家族往日風光不再。曾毓雋雖仍寓居北京，但因國家提倡增產節約，金魚滯銷，金魚池很快因繳不起地產稅而於一九五三年賣與政府。所得地價除抵繳兩年積欠地產稅及還私債外，所餘無幾。一九五六年，應當時中央文史研究館館長章士釗之約，曾毓雋加入中央文史研究館為館員，而後長期寄居其獨女曾和清、女婿黃大馥的天津寓所，直至一九六七年十一月十四日病逝天津，享年九十三歲。

曾毓雋和李思浩被稱為段祺瑞的大小「財神」之外，他和李思浩、朱深又被稱為「安福三總長」。曾和李雖不是國會議員，但卻任安福系評議員。每逢安福國會表決國內外各項重大問題，總是曾毓雋和李思浩、朱深、徐樹錚、王揖唐等人商議在先，議員表決在後，甚至內閣議事，往往也受他們左右。曾毓雋在〈憶語隨筆一〉就有一段頗為生動有趣的記述：「競選事則較繁。我每晚飯後，微睡片刻，驅車到安福胡同，約十時左右，俱樂部已車馬盈門，高朋滿座矣。人事間糾紛，政局上問題，政治上勾心鬥角，紛至沓來，應接不暇。俱樂部另一角落，有則議論風生，有則交頭接耳，或則燈迷酒醉，或則挾妓高歌。至於開會討論問題，間或有之。此則俱樂部活動情況，每午夜始散，習以為常。蓋議員津貼，每人每月三百元。全部議員共八百多人，故稱為八百羅漢。屬於皖系者約三百多人，每人之三百元津貼，係徐樹錚在陸軍部截曠項下撥交曾克敬負責分送，從此議員即無異言。至於各省區之選舉，即委託各省督軍或省長或財政廳長代辦。」而曾克敬就是曾毓雋的侄兒，他以金錢來操縱議員選舉已昭然若揭。南海胤子（溫世霖）在《安福禍國記》一書中說：「安福部自民國七年六、七月起至八月止，製造兩院議員財力與勢力，並聞耗去金錢九百餘萬，……但觀其競爭買票，有價可稽者每張二、三百元，為數已不貲……。」又說：「……國會召集在爾，總統選舉之期亦近，徐樹錚先撥現款一百五十萬為特別經費，派員分赴各省製造選舉，每人先領運動費一萬元，到省後製造議員若干，然後陸續酌撥接濟，於是參議員踴躍效命該部，……國人稍關心政局者，無不知有一安福俱樂部為操縱此次選舉之機關……」。

其實曾毓雋在這之前與曹汝霖在交通部結夥弄權，又擔任京漢鐵路總辦，這兩個部門都是富衙門。交通部對內主管交通銀行、京奉和京漢鐵路局，僅京漢鐵路局歲入即多達二、三百萬元；對外則主持舉借外債，歲入甚豐，回扣亦多。段祺瑞「三造共和」後，曾毓雋出任交通總長，更是肥上加肥。我們看他在〈憶語隨筆一〉中說一九一八年秋，張作霖和徐樹錚用秦皇島所劫軍械編成六個混成旅，「段按當時具體情況，批示以四旅歸張，以兩旅歸徐。徐極不平，大鬧不休。我為息事計，勸徐何必在此一旅上計較得失，我代汝籌二百萬元，為君補充此一旅人馬何如。」由此可見曾毓雋當時可謂財大氣粗，語出驚人！總之，曾毓雋和李思浩自加入安福系並擔任交通、財政總長後，遂千方百計蒐羅鉅款，以供段祺瑞政府和安福系揮霍，故皖系視二人為大小「財神」。

直皖戰爭前，曾毓雋和李思浩把持了段政府的財政金融大權，營私舞弊。一九二〇年張一麐在《直皖秘史》書中指出：一九一九年十一月至一九二〇年五月在短短的半年內，曾毓雋即為徐樹錚之西北邊防軍挪用部款二千多萬元。一九二〇年六月後，復挪用一千多萬元。李思浩雖不及曾毓雋私撥軍費之巨，但為數亦不下一千萬元。而同年溫世霖《安福禍國記》

書中亦說：「曾毓雋等將支出款目轉帳來部，李思浩既加入同黨，不能不代負其責，承認於後。」兩人狼狽為奸，羅雀掘鼠，煞費苦心！

總而言之，曾毓雋是段祺瑞最早的主要幕僚，他見證而且參與了段祺瑞「三造共和」、「武力統一」和東山再起等等歷程，他為皖系的發展和壯大也費盡心機。他的《回憶錄》詳細地記載這些珍貴的史料，以親身經歷為整個北洋政府的興衰、分裂、爭鬥記上一筆，許多內幕當是非身歷其境的人所不知的，這也是這些材料的珍貴處。曾毓雋在政治上，他四處奔走，合縱連橫，是段祺瑞的「行秘書」。在財政上，他蒐羅鉅款，供養皖軍，是段派的「大財神」。關這兩者對段祺瑞而言，就有他人無可取代的地位。

曾毓雋雖一生可記之事不少，但卻沒有留下太多的回憶資料，目前筆者所編的《曾毓雋回憶錄》，已是蒐集到僅有的〈宧海沉浮錄〉、〈憶語隨筆一〉、〈憶語隨筆二〉的文字了。〈宧海沉浮錄〉原名為《六十年之回顧》，是他晚年回憶錄，原雜於張國淦遺稿之中，應該是張國淦抄錄之副本，後經整理刊於《近代史資料》總六八號（中國社科院近代史研究所　第一九—五六頁），另又有〈憶語隨筆一〉、〈憶語隨筆二〉兩篇文字分別刊於《文史資料選輯》第四一輯（內部發行），（北京：中華書局出版一九六三年，第二〇—三二頁）及《文史資料選輯》第二五輯（總一二五），（北京：中國文史出版社，一九九一年，第九八—一一五頁）。這些文字有些許內容重複，詳略不一，今皆照原文予與保留，不加刪改，唯段落較長而不易閱讀者，加以分段。另筆者又於香港《春秋》雜誌找到筆名「花寫影」者，曾在一九二三年間在天津訪問過曾毓雋，作者說當時其弟曾以鼎方任艦隊司令，而此文於六十年後才發表，其中談及袁世凱、徐世昌、段祺瑞、張謇等人之事蹟，亦多可觀之史料也，可視為曾毓雋之「口述歷史」，而可與他的〈宦海沉浮錄〉相互對照也，也收錄於本書，這是有關曾毓雋回憶錄的首次出版，彌足珍貴的史料。曾毓雋之重要性是研究段祺瑞甚至北洋軍閥時，絕對繞不過他的。因此他的《回憶錄》雖然是薄薄地一本，但卻有其相當的分量。

目次

口述史 127

附錄 《段祺瑞秘史》 183

宦海沉浮錄

說明

本篇作者曾毓雋（一八七五——一九六五）字雲霈，福建閩侯人。光緒丁酉科舉人。曾任京兆良鄉知縣，後升道員。清末段祺瑞任江北提督，曾隨其任總文案兼管糧餉局。辛亥革命時，段任北洋軍第二軍軍統，曾隨營任秘書兼管總軍需。一九一二年任陸軍部軍需處長，此後一度任張家口鹽務稽核所經理。一九一六年任國務院秘書、京漢鐵路局長。一九一八年一月任交通部次長，一二月任總長，為安福系政客集團的主要成員，與徐樹錚控制安福系國會，使之成為皖系軍閥段祺瑞的御用工具，在政治上深得段祺瑞的信任。一九二〇年七月直皖戰爭皖系戰敗，曾被直系視為安福禍首被下令通緝，逃匿於日本使館，後避居天津。一九二四年一一月段祺瑞再度出任執政府執政，曾又充段之幕僚。一九二八年被國民黨政府通緝全國解放後居於天津，一九六五年病死。

《宦海沉浮錄》原名為《六十年之回顧》，為曾晚年回憶錄，所記多為北洋軍閥統治時期的一些重大歷史事件。由於作者為段祺瑞之親信，並與段之政治活動同始終，故記事多與段有關。如袁世凱與段的關係，馮國璋與段的矛盾和鬥爭，執政府時期的皖系等等，其中雖有曲筆掩飾或不實之處，但也提供不少可為治史參考的有用史料。如辛亥革命時段祺瑞派吳光新與孫武談判停戰經過，馮段主和主戰矛盾之起因，徐樹錚之死，均為作者自己親歷親見之事。又如張勳召開徐州會議醞釀復辟，作者本人曾奉段之命赴徐見張，「作懇切之聲明，直告以如議復辟，必盡其能力撲滅之」。此可與其他有關記載相互印證。

本篇原雜於張國淦遺稿之中，原件用「蒲圻張氏無倦齋寫本」稿紙鋼筆抄錄，似為張氏據原稿抄錄之副本，現存於近代史研究所圖書室，今據原抄本擬今名整理刊出。原稿文字間有訛誤或語焉不詳之處，整理時就編者所知予以訂正或加注說明。本文由吉迪整理。

戊戌政變到辛亥革命

不佞生廿一歲而孤，歲至乙未也。服闋應戊戌會試，適先伯父宗彥掌江南道監察御史，遂入京依之。閩學會興，閩人在京者多與焉，講變法自強。

林旭者，生有異稟，過目成誦，於書無所不讀，癸巳發解，年十九耳。鄉先輩多引重之。再上春官不第，入貲為內閣中書，廣交遊，與康有為、梁啟超密，因而結交張蔭桓侍郎。

張蔭桓在總署久，有勢力，是歲充賀英皇加冕專使，歸有貢獻，甚華美，創例也。頗得西後及光緒歡，與李蓮英及諸奄多有聯繫，人言嘖嘖。

翁同龢以師傅兼值軍機與總署，後與帝皆倚重之。蔭桓積意交歡翁。是時德占膠州，特派翁、張辦交涉，二人蹤跡雖密，而翁頗鄙視張之行為。

珍妃者，志銳之妹，與其姊瑾妃同選入宮，光緒獨寵珍妃，蔭桓亦夤緣之。閹寺出入張宅，凡有謀謨，得因珍妃密達帝所。當時林旭寄居軍機章京林開章家，開章以外議沸騰，告其弟開謩庶常，使諴林旭。旭不能聽，遂大齟齬。時先伯父在言路，曾上興農學改洋操兩疏，雖甚醉心新政，聞張交結宦官，潛通宮禁，遂焚未上諸奏稿，自此遂無建白。諸同鄉亦皆不善林旭所為，閩學會無形解散，而旭則參加強學、廣學諸會，又與張、康、梁聯絡，雖居林開章兄弟家中，實各不相謀也。先伯父於己亥三月挈眷回閩，故庚子之役不與焉。

獨是戊戌政變，記載多歧，於結交宦官、潛通宮禁一節，尚未之及，蓋舊派略之，新派諱之，且事秘世莫傳也。然其蛛絲馬跡，有足述者。翁同龢持兩端，受新舊兩派排擠。當戊戌三月被斥逐之後，與譚、林、劉、楊入軍機之前，新政朱諭輒由光緒自擬，內外睽隔，而與彼輩不謀而合，其為宦官潛通聲氣，似無可疑。且政變時，搜索張宅甚厲，有目共見。而珍妃之幽禁，與其它日之入井，皆可作此事之證明。其尤可注意者，九人下獄，六君子斬，宋伯魯禁，徐致靖亦禁，張獨發遣，其時尚有李端棻亦發遣。乃李照例起解，而張之起解，兩下特旨，派兵沿途押送，為向來逐臣所無。聞當時張之得未減，雖李蓮英解釋於內實係英公使勸告於外，故防其中道脫逃，投英保護，後於庚子西狩之前一日，特旨就配所賜自盡，而辛丑和約，英、美又為張蔭桓請恤，然則張蔭桓為此案之重要關鍵可知。更徵之各家詩集，李宣龔與旭姻戚，最悅服林旭，其哀暾谷詩中有：「平生略細行，未盡可人意；遂令盡命時，四海謗猶沸」之句。林開暮《晚翠遺集》題後，則曰：「欲避子未能，我獨持異議，因此坐疏遠，非敢矜予智。」以事實徵之，旭被捕時，尚寄居開暮家，疏遠云者，各不相謀之謂也。爾時參新政者，譚最躁進，林次之。林示復生詩云：「願為君歌千里草，本初健者莫輕言。」譚竟以此非常之舉，輕言於投機之袁世凱，殊為冒失。且當日盈廷上下，無不知后黨勢力之大，袁為后黨，亦甚明顯。彼輩乃以光緒為孤注，謀拙計疏，其失敗也固宜。

但從革命觀點，彼輩所為，在當日雖稱為進步，究不脫官僚思想；而影響所及，使西太后益恨外人，竟釀成庚子、辛丑之禍根，主權旁落，利權外溢，馴至國弱民窮，殊可痛心也。

抑吾於此有餘愧焉。當時最熱心新政者，莫如兩湖，使能挾光緒微服南巡，可資號召，則庚子之民氣尚可為適當之利用；而因與彼輩隔絕，無從獻策以利國家，真所謂全軀保妻子，無血性之懦夫矣。

辛丑以後，奔走衣食，始而筆耕，繼而手版，終而從軍隨波逐流而已。今再述辛亥革命情形。

宣統二年十一日，段祺瑞署江北提督，約充總文案，兼管糧餉局。三年八月，武昌起義。九月，召段充第二軍軍統。【余】隨營辦秘書，兼管總軍需即舊制之糧臺。戰時較平時繁劇十倍，乃盡革糧臺舊制，以採購輸送歸各師旅團營自辦，總軍需只任發款複核之責，一切報銷，自上而下，各師旅歡然接受，故與彼等極有感情。當時馮國璋統第一軍攻漢口，段統第二軍亦奉命南下。九月十七日，過石家莊，適第六鎮兵變，統制吳祿貞被刺，段在石家莊辦善後事。到漢口，馮已著手佈置，即攻漢陽，而馮有召京接領禁衛軍之命，馮段接洽，遂急攻漢陽，一舉而占之。馮乃北行，其時先鋒為工程營李長泰，以欲渡襄河非浮橋不可也，乃以李長泰為漢陽鎮總兵。蓋於九月二十七日，已有兼湖廣總督之旨也[1]。十月初六日，占漢陽後，於是由龜山炮擊武昌，悉中要害，黎遂避往洪山。爾時各省紛紛起事，段極擬響應，而鄂軍氣甚張，猝然返軍，必遭追擊。段毅然派總參謀長吳光新、外交處長曾宗鑒議和。由英駐漢葛領事介紹，先與孫武晤商於漢口租界德明飯店。孫武之外尚有留日張某在場，雙方願先停戰。我方問對方，停戰有何條件，作何形式，及界限日期。孫答不拘條件，但盼北軍退出省境。吳答停戰為第一步，班師為第二步，所以必有界限者，嚴防此退彼進，仍成對壘也。故宜先定雙方駐兵地點，並嚴格停火，靜候中央議和。此時唐紹儀已將到上海議和也。辯論作一小結束，各向上峰請示。第二次由孫武作東道，仍在德明飯店，接洽仍無結果。斯時我軍佔優勢，況所提各點均甚公平，且草率必誤事，故無可退讓，仍約下次再議。第三次仍在舊址集議，即由我方提出廣永或孝感為界限，即日停戰，退兵時期約需半月，北軍仍保留京漢全線路權，並在大智門、漢陽門留駐兵隊殿後。孫武始甚遲疑，繼窺出北方誠意，完全無異議，遂定翌日商決。翼日我方袖出擬就協定，請孫武簽字。孫只將「班師」兩字改作「撤兵」，他無異議。孫武問如何通知海軍，我們答以海軍尚在九江觀望，不成問題，我方負完全責任。到此際孫武方聲明，彼雖係全權，而民軍內容複雜，非黎自簽不可。且謂輪船已備好，泊海關碼頭專候。我方問黎既自簽，是否段亦須自簽。孫答此不必

1　宣統三年九月二十七日清廷命段祺瑞署湖廣總督。

拘，君可全權代表即可。黃陂簽字後，當面簽署交換，較為簡捷。吳、曾遂偕孫武到武昌，入署後黎黃陂方在召集軍官訓話。已將畢事，大約已將和事，對部下宣示矣。各軍官退後，孫武即介紹吳光新、曾宗鑒與黎晤談。黎將所擬條件詳閱後即簽字蓋章。吳光新以代表段合肥資格，當面簽字蓋章，各執一份，略進茶點，即由孫武護送曾、吳過江，向合肥覆命。克日籌備班師。於宣統四年一月二十六月，電請清廷退位，改建共和，既得請，遂北回，而唐紹儀亦於是時到上海接洽和議矣。

迨師次廣水，補充糧秣，而陳樂山所統第四師（第四師統制吳鳳嶺老病退休，陳樂山以旅長升四師統制）第八旅[2]，因禁止軍士帶眷，中夜譁變。廣水站小，無可搶掠，他師皆無應者，經衛隊彈壓，天明遂散，逃兵約三分之一，蓋借此挈眷而逃矣。各師旅團急於退往後方整頓，爭先乘車，車站秩序大亂。到柳林，站長遁逃，又有碰車之險。吳、徐及我叔侄與法人段長某，皆在此車，由法段長捲被先跳，我四人學其所為，先後跳而免。跳車時，以兩手撐兩被角而跳，借其風勢，故未跌傷。於是陸續退回保定，休息十餘日，始入京。是時南京已選孫文為大總統，正與北方接洽讓位。段以政府複雜不欲與聞，故逗留稍久。

2 時清軍編制仍稱鎮（師）、協，統制即師長，協統即旅長。此處稱師、稱旅長，係民國後之軍隊編制及稱謂。

民元至民五之過程

自清廷退位，及南京臨時總統孫文返國，南北代表接洽後，元年二月二十九日，袁就臨時大總統職。當先派二十人籌備，名列第十四[1]。但因倪嗣沖早已電告，將來尚有其它辦法，迨入京晤談，渠說明以做到項城登帝位為止。遂以此意密報段祺瑞。段艴然變色曰：不論此係渠個人主張，或多人主張，余決反對到底。兩姑之間難為婦，故決然告病假。陸軍部本非文人所能參加，參事、秘書亦皆未就，而又不敢他適，遂在京經營古玩業、飲食業，又與一般遺老在軍糧城開墾。在二年春間，周學熙委任到張家口開辦蒙鹽，為籌備半年。開業後，即保計達三接充，力避入政界。是時宋教仁被刺，南北糾紛，袁決備戰，南軍亦欲以武力解決。

元二之交，袁最倚任趙秉鈞。趙係吏員出身，部選天津北倉大使（清制謂之驛丞）。袁任直督時，派道員曹嘉祥，開闢新市區於大胡同之北（即地、黃各緯路），地係北倉所轄，

1 「名列第十四」。不知指作者本人，抑或為段祺瑞，語義不清。

趙隨地畫界，井井有條，以此為袁所青眼，認為能了地方事，薦保至道員，充北段巡警總辦；於時南段為段芝貴，袁皆倚為心腹者。迨北京設巡警部，袁薦趙於肅王善耆，一躍為巡警部侍郎，故趙感袁獨深。其人足智多謀，國民黨為籠絡計，與趙水乳，遂得通過為國務總理，其部下洪述祖號蔭之，係臺灣候補同知[2]，為內務部秘書，常往來京滬。應夔丞、武士英皆上海流氓，洪倚為爪牙，黨羽甚雜，釀成刺宋一案，而二次革命軒然大波，因之而起。

袁氏決訴之武力，先去江西李烈鈞，以黎兼贛督。彼時五國銀行團大借款二千五百萬磅尚在商議，而海軍部奧商墊款已祕密交付，軍費有著。（奧商的里雅斯特船廠Triest先墊若干，其數不宣佈，係次長劉傳綬、秘書長高稔專辦，極為祕密。大借款到手，墊款已還，如何折扣，如何貼息，無人能詳。原約訂購炮艦三艘、輕巡洋艦一艘，均未履行，到對奧宣戰即無形取消。因購艦墊款屬部務，議會質問無結果而置之。海部當時曾電奧使沈瑞麟，調查參觀的里雅斯特船廠情形更使館中無熟悉機械廠務人員，適有林獻炘、常朝幹、在奧國海軍白頭廠實習，遂煩林、常為臨時隨員。數目傳聞為三千至五千萬，凡在中國接洽之手續，皆無所聞。林獻炘所知僅此。）皖督柏文蔚、粵督胡漢民相繼去職，以孫多森、陳炯明繼之。李烈鈞乃獨立於湖口，黃興入金陵運動第八師而獨立，第三師冷遹亦獨立於徐州。先是李純早為九江鎮守使，擁有第六師勁旅，段芝貴南下援李。乃黃興獨立，袁又派馮國璋、張

2 原文如此。

勳率師南下。湖口、岳州諸役勝利，黎為首功。迨柏文蔚獨立於皖，倪嗣沖軍亦節節勝利。最後則馮、張到寧，而黃興敗逃，餘如上海則陳其美敗，廣東則陳炯明逃，上海為鄭汝成肅清，廣東為龍濟光佔據。癸丑一役，至是結束。袁乃捨軍事而謀政治，召集兩院選為正式大總統。五國銀行團大借款又成，由是有迎黎之舉。是時又設教練團袁自任團長，以陳光遠為副，無非奪段兵權。

段亦深知改制之不可免，而袁獨心口相違，不認有改制之意。袁段相處久，段已知袁真意，亦欲借迎黎脫身。十二月半，忽得袁乃寬電話，招下走到軍需處談話。晤時，但云：袁將派段到鄂一行，與黎商整理鄂軍，速具印領，已備三百萬元待付。答以為數太多，商段再辦。彼且謂海軍劉冠雄已照數領了，陸軍不能獨異。答以小印在段手，未蓋小印，陸部不能蓋印也。歸即以此情商段。段笑曰：將以此餂耶！我所以不早去者，因早以汝所聞之語，質之項城。項城指天誓曰，謂古無長享之帝室，將來子孫不知如何下臺，我雖愚不至於此。馮河間亦曾以此事詢袁，袁答與告我者同。我以不逆詐、不臆、不信之態度處之，故稍安至今。今者情狀畢露，意欲以金錢餂我，太不知我矣！但黃陂來京，亦甚有益，我必為一行，領款三十萬足矣。遂領款啟行，下走亦隨行到鄂。

下車見王占元，已在車站佈置迎候。袁、黎通款曲，皆王占元為傳達人，王頗知內容。袁意在籠絡，黎意願攀附。黎在鄂為所部挾制故也，即刻段渡江謁黎，在副總統府兩宿，黎召金永炎商整理軍隊事，大致就緒，宣佈段北歸，黎送過江。到車站上車後，段反下車，黎遂北上。金已默會，偕段返署，發電告袁，而段署湖北都督之令即到，遂照黎在鄂時計畫由金永炎整編，一切順手。又以所領三十萬元內，以十八萬添購兵工廠新機器一份，蓋遣散整編各費，黎、金已有指撥也。此謀知者唯金一人。迨黎入京，遂領參謀總長。不兩月，令段芝貴接任鄂都督，又以段兼領河南都督。蓋以白狼猖獗，張鎮芳不知兵，不能制也。迨白狼敗亡，四月初三日奉召回京，過正定下車，邀王士珍同入京，已決意告退，先覓替人也。

五月陸海軍統率辦事處成立，政事堂、參政院相繼出現，籌安會宣言甚囂塵上，而袁不之禁。段知改制之事無可挽回，遂於五月三十日為第二次之辭職。得優令給假兩月養病，王士珍署陸軍總長。段遂閉門謝客，雖謠言恐嚇者甚多，毫不為動。於時馮國璋由寧入京，曾以探病到段宅，彼此默會，並不多談。魯督靳雲鵬亦然。其在京來探者，皆拒不見，唯府秘書長梁士詒與文官長夏壽田，偶奉袁命而來，二人尚有談論。梁以三次長參案[3]，表示無可奈何；夏為段舊秘書，在府專司軍政祕密，袁稱其有軍事天才，欲疏通袁、段。蔡鍔初起事，夏獻計，略仿英王兼五印度大皇帝例，以大總統兼滿蒙藏大皇帝，蒙藏一切未改，尚在策封，借此下臺，可以塞西南之口。段甚韙之，但笑謂，恐高議難通過耳。夏謂總統很明白，但為群小包圍，今亂事已見端，諒可通過。數日後謂下走曰：芝老畢竟與袁相處已久，

3 一九一五年六月，袁世凱以津浦路局局長趙慶華營私舞弊，牽及交通次長葉恭綽；財政次長兼鹽務署署長張弧亦被揭發有營私行徑；不久肅政廳又彈劾陸軍次長徐樹錚購買軍火，浮報四十萬元。葉、張、徐被停職、免職，時謂三次長參案。實際這些都是袁對梁、段示警的一種手段，要他們順從袁的意志行事。

竟為所料。余始建議，袁極謂然，而漸有人向我警告，其警告者即其同鄉楊度，因與至好，故並告以反對之為袁長公子。自此夏亦不敢發議矣。

斯時北方則籌備大典，西南則昌言討伐，各省逐漸響應。曹錕等率兵入川，不能禦。五年三月，袁有悔意，先由袁之于夫人以電話略告段之張夫人謂元首抱病，急欲一晤芝泉，汝先疏通，即有後命。蓋張係于之義女也。張夫人為故江西巡撫張芾之侄孫女，父名瀛，字步洲，以縣丞需次山東，與袁交好。步洲早逝，母陳氏不兩年亦棄養。于夫人撫養女如己女。段元配吳夫人逝世，即由袁氏夫婦主婚，以張女歸段為繼室，往來極密，故出而轉圜。後即由政事堂傳話邀段，段到，則徐東海亦先在座。袁謂我老且病，悔不聽汝言，故有今日糾紛。取消帝制，汝可相助為理乎？段云：與徐熟計之，當竭吾力相助。三月二十三日，即有撤銷大典籌備處，仍以本年為中華民國五年之令。段出任參謀總長，即電南京與馮國璋商挽回辦法，於是有南京會議之組織。四月二十二日，國務卿徐世昌辭職，五月八日改政事堂為國務院，仍照元年官制組織政府。不料南方進一步請袁下野，馮、段正在疏通，而北洋系督軍漸不聽命。袁病日篤，四川陳宧、湖南湯薌銘亦通電對袁個人脫離關係，外交陸徵祥、財政孫寶琦相繼引退。袁病勢愈殆，六月初群醫已告束手。段委下走赴南京以詳情與現勢面陳馮，並商黎繼任事。馮覆電贊成。六月六日，袁逝而黎繼。

袁死黎繼　黎段失和　張勳復辟打倒後黎去馮繼之經過

黎黃陂就職以後，以黎、段素日交情，又兼以此次擁護繼職，宜可融合無間。蓋黎之入居東廠賜第，與勸進之領銜，非不可加以挑剔也。故就職之初，意見甚融，對恢復約法，與恢復國會，於黎段無所不利。但黃陂以約法中總統許可權太小，頗欲乘機擴張，而段亦以國會重開，諸多掣肘，利在遷延，可得一時之利便。茲事體大，皆由黎、段面商，故徐樹錚無所施其離間之技。迨南方各省一律主張恢復約法與國會，而海軍李鼎新竟有獨立宣言，與南方一致。北方各省亦以恢復約法與國會為是，遂即照辦。迨明令宣佈，約法恢復，國會重開，除追認閣員外，即開副總統選舉會。馮河間當選後，即議及憲法，氣象亦佳。一部分民黨議員，遂欲結黎傾段。此次組閣本屬混合制，民黨閣員以議員多數擁黎，而黎頓覺當時局面迥非昔比，雙方左右媒孽乘之。黎派左右為金永炎、哈漢章、黎澍、丁世嶧等，徐樹錚任秘書長不但不從中拉攏，又以小事多次與府員衝突。府中則每於無甚關係用印之件，多所指摘，以狂驂徐樹錚處之，小意見時有發生，合肥未之知也。因合肥性極懶散，不常入府，漸因小忿而成見日深。孫洪伊以閣員身分，日在總統府指揮一切，徐樹錚心尤不平。

適中國銀行為兌現故，借到美款美金五百萬元，九一交款，未與銀行團商量。此事本係閣議祕密通過，亦為黎所極端贊成者，乃孫洪伊洩之報館，竟將原條文宣佈，五國銀行來函抗議，雖經以中國銀行籌備兌理，非屬政治借款範圍，駁覆搪塞，但此事訣竅，外交在次，而世面居先。爾時中票價在四五折之間，若能保守祕密，則借款到手，暗中逐漸收回，此項借款可於收回中票後，尚可留為整理善後之用。自條文公開，外交抗議，風聲所播，市面中票陡漲至八折以上，故又費盡計畫，中行始克兌現。先是中行停兌，係段以院令公佈，故籌畫兌現，段認為切要之圖。今被孫洩漏破壞，外交與市面均費周章，故對孫極為鄙視。徐樹錚又報告孫之為此，因其先以賤價收買中票故，利於兌現前中票先漲，借獲厚利，損公利己。雖係浸潤之譖，亦復事出有因。故段認為不能共事，去孫之意至決。孫、徐又以此事在閣議時互相衝突。黎素不滿徐樹錚之跋扈，亦欲去徐，遂由許世英轉圜，為孫徐兩罷之議，舉張國淦為秘書長。此後交涉，張知之較明瞭，勿庸多贅。唯因此又起徐、許之風潮。徐、許本無怨無德，此次徐之下臺，發動在黎，遷怒及許，似無意義。因許世英畫蛇添足，於事後以一函致段，函中略謂：徐樹錚學識精力，盡有過人之處，但渠既棄文學武，我總理宜就其所長，加以驅策，政治非其所長，不如任以武事。且渠門戶之見稍深，與我總理兼容並包之旨，亦不相合。武職盡多要津，若能用其所長，則所以保全樹錚亦即以保全總理。在許以為辭甚婉轉，在段視此函極為平常，並未秘藏。樹錚見之大中其忌，蓋許因不料樹錚之欲兼管政、軍，所謂一把抓也，於是陰謀報復。

適交通部與各路局局長以運輸缺車有租車之議，租約五年。每車每日以三元計租，照市價購車約值千八九百元。按三元計租，則車商不到兩年，本息計可相抵，其三年餘租價，皆屬盈餘。且洋商攬售運輸車者甚多，亦可分期還款。租車之議，弊端太大，而彼輩猶以每日三元為未足。商人係金蔭塗、鮑星槎新立公司，遞呈到部，乃次長王瀫煒將原呈內「三」字改為「四」字，且眉批云：部章各局互相調用車輛，係每日每輛作價四元，此件退回呈文。金、鮑兩人本係架空生意，即以此件示各洋商，蓋表示其門路甚的，以便向各洋商賒帳也。不料洋商已將其原件用照相機拍照，此片如何落於徐樹錚之手，言人人殊，但當時已成為公開之祕密。先是四、五個月以前，許忽向段總理請派下走為京漢局長，因下走尚在院為秘書也。下走表示不願就，遂與許同在段前交涉。許謂汝在前清，久在郵部，屈汝為局長，為我作耳目也。段遂勸下走暫就，為許幫忙。迨租車之議垂成，王家儉、姜可欽兩局長以合同見示，且約聯名，下走峻卻之，且告以租價驚人。須知車非路軌何能運輸，一切費用在內，故每日定為四元，且各局互調，報銷歸部，無分彼此。彼商人只有一車，何能引此例為比較。外議沸騰，囑其謹慎將事。下走即夕以此事始末白於段。段謂雋人何言，下走答以尚未往見。段曰速去速去。到許宅，乃許已四處尋覓，彼已得王家儉報告下走之峻卻簽此合同也。於是許垂詢反對此事之意見，下走遂以此事決不可辦之理由告之，且告以禍在目前，聞徐樹錚已得王瀫煒通同舞弊之確據，一、二日必在檢察廳起訴。並告以金、鮑新組之公司虛有其表，彼原係德商買辦，大戰後失業，故冒險作此勾當。許謂此等內容，我均不知，既有所聞，即夕派參事雷中夏、路政司司長曾鯤化澈底查辦。雷、曾秘告王黻煒，即夕潛逃。次長既逃，遂將王家儉、姜可欽、盛文頤等正副局長送法庭辦理。許又一面對黎、段自請處分求去，經黎段慰留，且事未了，亦未便即去。法庭以王次長在逃，傳訊許世英，檢察廳楊蔭杭、尹朝楨及承審之廳員略詢後，將許扣押。黎段詢司法總長張耀曾，謂屬員舞弊未成，即自撤辦，律以失察，已屬不當，蓋彼已自覺察也。至於用人不慎，知人不明，皆行政處分耳。但次長在逃，傳訊則可，扣押似嫌過火。於是張遂據法律申飭檢察官，許即釋放。同時尚有財長陳錦濤，檢舉次長殷汝驪為商人請託，而商人柴瑞周又告發陳總長勒令代籌資本辦煉銅公司。陳亦自行檢舉在山東收買銅元改鑄。次長殷汝驪確有舞弊情事，但殷已先逃，陳遂被押。許釋放後，陳亦取保候訊。此事或謂係內訌或謂亦徐樹錚所操縱者，莫明真因，不敢臆說。唯交部所屬津浦局又有局長王家儉、副局長盛文頤、總務童益臨，向華美公司購車頭四輛，價四十萬美金，先付定金二十萬美金。公司倒閉逃走，定金無著，有官商分肥情事。雖經許世英將該局長等交法庭訊追，而不得端倪。許涉嫌疑，遂屢請辭職，黎亦照准。次長在逃，暫派參事權量代攝部務。下走則於許未卸任時，已辭京漢局長，蓋到局以後，既不更動人員，又不採購物件，日日預備交代也。

三總長皆民黨，聯翩下野，政潮已起，段尚不覺。爾時段因日本於一九一四年參戰後，藉端擴張勢力，有關外鄭家屯進兵之舉，又有福建廈門設警之舉；餘如安徽礦山、山東路線，得步進步，交涉應付極端困難，頗欲援以夷制夷手段，借協約國牽制日本。適梁啟超到京有絕德意見書，段極讚賞，而絕交參戰之意遂決。當段倡議絕交時，黎即持慎重之說，經邀副總統馮國璋到京讚賞，又經段以辭職要脅，勉強應允。黎固不料議員之多數通過，乃交議後，兩院二月初旬開會，均大多數同意，於絕交手續一一進行。國務院因即組織國際政務評論會，研究外交關係事項，除總理與外交總長為正副會長外，並函聘王士珍、陸徵祥、熊希齡、梁啟超、孫寶琦、汪兆銘、汪大燮、張國淦等十餘人為評議員。關於處置德僑及對協約國應提條件，招募華工、供給物料、改正關稅、巴黎經濟同盟，並將來議和大會應提各問題，均在討論之列。蓋已料德國對絕交不理將為第二步宣戰之預備也。自此德使辛慈出境，顏惠慶回國，及收回德租界並津浦北段路權，停付德國賠款，處置德僑、德商等，次第施行。突接荷蘭公使照會，以絕交與宣戰不同，不能適用待遇敵人條例，自稱已受德國委託，代管在華利益。事勢不免棘手，而協約國勸誘者紛至沓來，且美國此時已加入戰團。段以德國雖強，寡不敵眾，料其必敗，極力主張宣戰。其理由則德國未允變其潛艇政策，而荷蘭交涉棘手亦其主因。我駐外各使又電告協約國對條約修改，緩付賠款，均允商辦。段對德宣戰主張，更為堅決。若律以黃陂在袁皇帝時代之態度，在段以為極易就範。奈黎性闇弱，惑於丁世嶧等中立之說，且以絕交已為好大喜功，更認參戰為危險，於世界眼光、各國勝負大勢，一無所知。

適此時民黨議員又得其黨魁指示，極欲藉端倒段，或傳為受荷蘭煽惑者，亦過甚之詞，蓋欲先倒段再議外交。簡單言之，即不欲段之外交政策成功，威望加重也。尤可憾者，爾時政客水準太低，易為人所左右，而黎之闇弱，更易為政客所左右。在黎恃議員為後盾，而懦者轉剛。在段則狃於絕交時通過之易，對議員之疏通，亦未周密。當黎氏不得已以參戰案交議會時，人雜言龐，議員變計情形，段不之知也。此時適有不達事理之傅良佐，糾合公民團，擾亂議院，雖經合肥召兵警將公民團解散，而多數議員借為口實，實行散夥，致開會皆不足法定人數。此事內幕，公民團鬧議院是其近因，而前此議憲時，籍忠寅與劉成禺意見不合，大打議院，是其遠因。議員劉崇佑等，曾在法院起訴，真所謂歧路之中又有歧者矣。於是乃有電召各省督軍來京議政之舉。各督軍除擁護宣戰政策外，倪、王並稱前此有電請維持中立，係徐樹錚示意，來此方知參戰之必要。樹錚事事佔先，獨於參戰消極，真為黃陂所不及料。

於時各督軍曾邀兩院議員，在外交大樓當面疏通，並面陳於黎總統。而黎以為此事應由議會主持，非督軍所可干涉。議員則仍持消極態度，開不成會。各督軍遂以一電攻擊憲法之歧誤，相率從容出都。段在平時一怒便走，此次偏倔強不退，黎遂毅然將段免職，以伍廷芳署理總理。各省始則通電指摘副署之違法，繼則通電對中央獨立。當此是非糾紛之時，徐州又召集會議矣。先是民五袁死黎繼，徐州曾有會議，事後聲明，乃無甚關係之十條。而此次會議，則氣焰甚張，復辟之謠已熾，而黎獨若不聞不見，可謂大奇。向來外省會議，中央未曾派人參加，此次段係下野之人，更為邀請所不及。但段以復辟之謠關係甚巨，派下走到徐州作懇切之聲明，直告以如議復辟，必盡其能力撲滅之，勿謂言之不預。當時各督軍皆答以決無此事。下走於回津過濟南下車與第五師師長張樹元及獨立旅旅長馬良晤談，告以謠言甚熾，請其及早分路布置。此時張懷芝尚在徐州，下走即回津。不數日，黎氏異想天開，乃以明令召張勳入衛。段知黎必上當，遂飭徐樹錚到蚌埠詢倪。倪覆電渠不參加。而復辟派雷震春公然在津組總參謀處。段知有變，一面派下走仍到濟南佈置，一面飭傅良佐訪第八師師長李長泰徵求意見，李謂唯命是聽，故北京復辟一宣佈，而段即到馬廠誓師也。

當時參贊戎機為梁啟超，通電皆出其手，而東路段芝貴、西路曹錕、中路陳光遠環而攻之。辮兵一敗於廊房，再敗於豐台，回京據天壇與天安門南河沿，猶作困獸之鬥。各路紛紛入京，西路占蘆必橋入跑馬場，已逼京城；中路由南苑進逼；東路由豐台進逼，三路合攻天壇辮兵先鋒，餘亦以次攻佔。張勳於南河沿本宅被炮火猛烈焚燒之後，荷蘭使館以汽車掛紅十字旗，迎張入荷兵營矣。綜計此役，死傷不多，收復京都不出旬日。黎於中南海被迫出避日本兵營時，因北京電報局為辮軍所占，曾密派親信持通電到津、滬拍發。又手諭段祺瑞仍為總理，舉兵恢復，並電達南京，請馮國璋副總統代行職權。

事平後。黎回住東廠本宅，段到京請其復職未允。馮亦以大局已平，請黎復職，讓再讓三，黎堅決下野，通電極為痛切。馮允就職。馮、段電商組閣，閣員中除陸軍由段自兼外，外交汪大燮、內務湯化龍、財政梁啟超、司法林長民、農商張國淦、交通曹汝霖、教育范源濂、海軍劉冠雄。這一屆閣員，多係進步黨；秘書為張志潭，聯絡進步黨。樹錚不以為然，遂訐告其吞沒津貼五十萬元，蓋徐樹錚反對宣戰，被段合肥痛責故也。同時海軍總司令程璧光，率第一艦隊司令林葆懌，以艦投南。南方陳炳焜，本嫌軍實不充，極端歡迎。而第一艦隊既未全變，第二艦隊及練習艦隊未與同謀，乃免程、林等職，改組海軍。升第二艦隊饒懷文為總司令，升艦長林頌莊為第一艦隊司令，杜錫珪為第二艦隊司令，曾兆麟仍為練習艦隊司令。此時兩粵尚在疏通，一面任劉承恩為廣東省長，朱慶瀾為廣西省長。劉未到任時，仍以陳炳焜兼署。陳亦不受不辭。若北方各省督軍，大都仍舊。段迭電催馮入京，而馮卻遲遲其來。外間推測甚多，其實係彼時馮與蘇紳張謇等勾結英商，以製藥為名，將在滬之煙一千六百餘箱，用元年公債一萬餘元購買，製藥者少數耳，實有官商夥謀圖利之舉。其中中商與英商祕密，下走未參預，難得其詳。其時財長為曹汝霖，次長吳鼎昌，實與其謀，因元年公債由財政部發給也。曹忽以此徵下走與徐樹錚入股，下走與徐即據實稟明合肥，聽其裁決。曹蓋不敢直陳於合肥，故出此詭計也。合肥聞之微笑，遲約半晌，乃曰：我與馮舊交，此君有錢癖，固所深知，但以今日環境論，我決不能反對，致感情破裂，因小失大。且係蘇省官紳合辦事，彼既未明白徵我同意，只好裝作聾聵。汝兩人萬不便有所沾染，但須力任疏通而不受酬，將來我晤馮時一字不提，汝從中示意，請其獨行獨斷，不強人以所難而已。此事即其遲遲來京之真因。蓋此事未妥，一易蘇督，則多所掣肘也。此合肥委曲求全之至意也。

馮段不協之真因

馮入京後，繼任為李純，所遺江西督軍缺給陳光遠，皆無異議。當是時雲南唐繼堯亦通電獨立，政府力不及西南，而不能不注意湘省，湘為西南唐出入要衝也。吳光新以二十師及暫編一師駐岳州，吳主湘為最便；乃傅良佐係湘籍，時倡湘人治湘之說，於調吳為長江上游總司令，以傅督湘。傅自信與湘軍有聯絡，段以傅打倒復辟甚出力，亦思酬其勞。不料傅所倚以為重者僅陳復初一師，然而傅尚帶有王汝勤之第八師，范國璋之二十師，岳州則又駐有王金鏡之獨立旅，固不僅恃陳復初為後盾。零陵劉建藩有獨立之訊，復初以告傅，傅以為先發制人遂免劉職。劉又聯湘軍第一師第二旅長林修梅同時起事，傅先派湘軍第二師第三旅長李右文攻零陵。李到衡山倒戈，與劉一致，於北軍第八師師長王汝賢，二十師師長范國璋，與湘軍二師陳復初會師前進，遂拔衡山，下寶慶，直逼零陵。皖軍之援湘者，亦克攸縣。但劉建藩固守零陵，相持不決。而廣東陳炳焜，聯絡桂軍，全力援湘，劉又奪回寶慶、衡山，且下衡陽、湘潭。此時北軍總、副司令王、范，不特逗留不進，反受人指使，通電南北，商請停戰。傅以部下不聽命令，匆匆退至岳州。王汝賢返駐長沙，竟以維持地方自任，電告中央。陳復初在常德聞變，恐勢成孤立，轉而通電自主，與湘、粵各軍一致，合攻長沙。王汝賢於十月十七夜亦棄城走岳州，距發電告政府僅隔一日。政府尚不知長沙之不守，一面將傅良佐免職，對王汝賢尚有棄瑕錄用之令，責成恢復失地，可謂滑稽之至。

更有甚者，直督曹錕亦聯長江李、陳、王三督，主張停戢。合肥方瞭然主和之意出於河間，論交情論利害，倘先行明商主和主戰，兩人盡可相為表裡，胡乃施此暗劍手段？段至此百思不得其解，只好出於堅決辭職之一途，而段下野王士珍組閣矣。先是湘事方亟，粵省諸將中，清鄉督辦張天驥，在惠州對粵省府陳炳焜獨立。省府派劉志陸往攻，惠州幫辦洪兆麟及統領羅兆昌、幫統劉達慶，迎劉攻張。張敗走，劉獲全勝。潮州鎮守使莫擎宇，亦對陳獨立，張天驥奔潮依莫。莫又聯欽廉鎮守使隆世儲為助。此等情形，段知之，馮亦深知之。但在段以為湘軍偶勝，乃得粵助，粵既內亂，勢難久持，湘事尚有可為，而在馮以為粵既自亂，密款中央，正是謀和機會。馮之聯南，專倚李純，李用何人，則不知之。段得粵訊，係粵人團長韓賓禮，接李耀漢報告，且謂粵軍意見不齊，無人作主，故不敢任調停之責。當時不知孰為可靠，但以粵已無主告馮，而馮盼和太切，終又露及李純，蓋偏信李純有獨得之秘，故諱莫如深，而出此鬼祟手段。合肥傷心已極，嫌隙雖深，而直皖系裂痕，蓋各省主戰者尚多也。

王閣成立，陸徵祥外交、錢能訓內務、王克敏財政、江庸司法、田文烈農商、曹汝霖交通、傅增湘教育，海軍仍舊劉冠雄，陸軍王自兼。馮之主和，南方各省既恃李純牽線，故馮認為有把握；曹錕主和，亦長江李督之線索。蓋馮自命為己之副總統為舊國會選出，黎去己繼，法律有據。南方反對者惟段，直派皆抱此想。孰知南方所爭者地盤，法律乃其藉口。長沙既歸南軍後，荊州石星川、隨縣王安瀾、黃州謝超，紛紛自主，宣告與馮政府脫離關係。曹錕頓悟主和之非計。適歐戰有變化，俄軍倒戈，推倒皇室，一般眼光不遠、意志不堅者，頗悔宣戰之失著。馮到此時，亦復心驚膽戰，於擬設一參戰督辦，使段當其衝[1]。

試思此等大計，是諉卸於一、二人所能了，馮之庸闇可見一斑。果其設此一席，專為敷衍合肥，則宜於王閣上臺，同時下令，何待斯時。間有以馮圖卸過告合肥者，合肥笑曰：俄亂雖使德撤一隅之防，但自美國加入，德勢已衰，我必勉為其難，決不諉卸。於是參戰命令一下，段不稍讓，而參戰處成立矣。段就職之時，正值曹錕悔悟而又主戰之時，天津召集各省會議，東三省三督張、孟、鮑、山、陝、豫之閻、陳、趙，浙、閩之楊、李，魯、皖之張、倪、熱、察、綏派三代表，滬護軍使盧永祥，蘇皖魯豫剿匪督辦張敬堯皆至，而長江李、陳、王三督不與。李純作祟，政見分歧，可見一斑。叵耐南軍乘勝窺鄂，鄂督王占元忽電陳湘粵三省南軍，攻陷岳州，王金鏡退保臨湘。南軍據岳後，進擾鄖陽、蒲圻，已逼鄂境，聲勢甚盛，求援甚切。馮方知李純被南方所騙，好在天津會議一律主戰，只好依計而行，遂以陸長畀段芝貴，又分授曹錕兩湖宣撫使兼總司令，張懷芝為第二路總司令兼湘贛檢

1 馮任段為參戰督辦並成立參戰處，並非出自馮之自願，乃係日本施加壓力，迫馮任段出任此職，以便於假段之手，順利簽訂中日軍事協定。

閱使，張敬堯為前敵總司令。曹錕即日出發，張敬堯亦由徐州出發。又將陳光遠褫職留任，責令奮勉圖功，以前此觀望也。

此時奉軍忽自告奮勇，派兵入關加入作戰，前隊到秦皇島，適中央向日本購買械彈一批運到，船剛靠岸，奉軍由楊宇霆交涉，將械彈一律截留，聲言為圖南之用。一面截留，一面逕電政府請領。楊宇霆之訊，蓋得自徐樹錚之祕密指使。奉軍得械後，分編六旅，張自為總司令，而任徐樹錚為奉軍副司令。段頗不悅徐樹錚所為，謂為教猱升木。徐答長江三督之升木誰教之者。段亦語塞。此事逞一時之快意，愈伏分系之禍根。奉軍設司令部於軍糧城，以一部南下，以一部進駐廊坊，咄咄逼人。或謂奉軍擁段，為徐所慫恿，此乃近因。奉張擁段不始於此。先是奉有二十七、二十八兩師。二十八師長馮麟閣滿面煙容，應對失節；張以明敏果斷，為段所賞，特為二十七師補充炮隊一營，而張勢始強，得任奉督，感段至深，故徐言可入也。

王士珍極力求去，而段又組閣矣。段正在組織參戰事務處，聘各部總長為參贊。復設四處：靳雲鵬參謀處，張志潭機要處，羅開榜軍備處，陳籙外交處。組閣之命即下，閣員除財政王克敏、司法江庸辭職外，餘皆仍舊，財政由交通曹汝霖兼代，司法改任朱深。奉軍遂南下，協助曹、張各軍，一同進取矣。在奉軍未到時，曹錕、張敬堯已克復岳州，三月杪又規復長沙。長沙得手後，段深慮兵驕將惰，邀同交次葉恭綽、財次吳鼎昌、南下犒師。到武昌，與曹錕、王占元晤商，豫督趙倜亦到，奉、蘇、贛、魯、皖、湘、陝、晉有代表到武昌接洽。雖其中或不相謀，但表面皆唯命是聽，其注重議及籌餉，段允源源接濟。段乃乘兵輪東下，杜錫珪隨行。過九江晤陳光遠，過江寧晤李純，皖倪與滬盧皆到寧，所議皆出兵籌餉問題；仍折回武昌，由京漢返京。而粵東軍政府改組為總裁制，七總裁為唐繼堯、孫文、唐紹儀、伍廷芳、林葆懌、陸榮廷、岑春煊。孫文、唐紹儀未就職，唐繼堯、陸榮廷不能分身到粵，只有岑春煊、伍廷芳、林葆懌就職。孫、唐並已離粵，主持惟岑春煊。攻湘攻閩攻瓊崖，紛紛舉動。北方援粵總司令張懷芝方駐江夏、樟樹鎮，粵軍先占虔南，張懷芝不日即克復虔南。徐樹錚忽在奉軍副司令部槍斃陸建章[2]，更人人側目矣。

奉張藉口副司令專擅，撤回奉軍司令部入關六旅，張、徐互爭，合肥照現勢以四旅歸奉張，以兩旅仍由徐樹錚督練。因始編時，關外官兵四旅，關內官兵兩旅。樹錚大譁，而大勢所趨無可如何，深恨奉張。張邀徐飲，面為解釋，下走適在陪座。正在無法解圍，樹錚忽告奉張曰：汝莫逞強，我兵單不能征服汝；我將帶日兵而與汝周旋。滿座為之失色，然而駟不及舌矣。張竭力敷衍，曰：何至於此，我兵不即汝兵乎！不歡而散。張、徐之隙自此深矣。此時曹錕按軍不動，張懷芝以病為名，亦守邊不進。

馮代總統任期不過一年，不兩月即屆，眾人均注意繼任總統問題。先是民國元年之國

2 一九一八年六月十四日，徐樹錚在天津將陸建章槍斃。陸反對皖系主戰。徐槍殺陸建章後密電皖系各督軍謂：「查陸建章身為高級軍官，歷充方面大吏，乃不思效力國家，反時常出沒各省，煽惑軍隊，勾結亂黨，連合土匪，擾害地方秩序，……本月十四日經本總司令部在津拿獲，當逕立予槍決」云云。

會組織法，與兩院議員選舉法，皆由臨時參議院通過。在馮河間就職後，即有依法召集參議員之命令，與依約法五十三條，召集國會之規定，著內務部按照民元籌備國會事務局辦理事宜，迅速籌辦。預備選舉之令下後，一年來大致由王揖唐秉承徐樹錚辦理，除籌備局長由內務部以籍忠寅派充，其經費由財部照發外，其議員競選時由政府津貼半數，徐樹錚在陸軍部截曠[3]及參戰處報銷撥付。段合肥無意競選總統，而徐樹錚窺段無意，而又不願擁馮，遂推戴徐世昌出任總統。時大徐小徐之說，幾於婦孺皆知，政治之望風承旨者，莫不以徐東海為目標，各方面捧場者多。議員資格以官僚為最合格，地方有力者次之，中央撥給競選祕密費不敷時，大多數由各省督軍分任。東海所以籠絡徐樹錚又無微不至，時招小徐在晚晴簃論詩文，蓋認其為文武全才也，而樹錚樂乃無藝。

王揖唐以民元統一黨為骨幹，渠本係東海在東三省總督任內充參謀處長，更為賣力。曹汝霖、陸宗輿為之拉攏蘇浙議員，靳雲鵬、張志潭亦極出力，北洋諸將無不傾向，因爾時官僚思想未除，以其出身翰林，迭任總督尚書，清末且為數日之內閣協理，民二以後又為袁之國務卿，頗有萬能聲價也。此君就道德論，固多可議，而手腕敏活異常，亦為合肥所心折。唯下走與吳光新頗為合肥擔憂。倪嗣沖知吾兩人之心理，笑曰：汝憶及六卦先生之徽號也，渾天黑地日子到矣。倪在黑龍江頗吃大虧，故其言若此。其對我兩人發此論，乃戲謔之言，

[3] 截曠一詞，乃陸軍部截留曲分空額兵餉之謂。當時舊軍隊「吃空額」為罕官貪污之一種手段。徐樹錚派員至部隊點名按人數發餉，多餘之款，由陸軍部截留，是為截曠。徐樹錚即以此款，用作安福系的活動經費。

孰意此言竟入東海之耳，此即其神通廣之一，亦即下走將來取禍之因。

時租安福胡同一巨室為議員俱樂部，乃因地取名，而謠言謂「安邦福國」，甚至謂為安徽、福建，則去事實更遠矣。原此次選舉本係揖唐一手承辦，議員到京，證明揖唐有克扣津貼選舉費之事，樹錚乃將每月津貼交陸軍部一等科員曾克敬致送，以其為下走之族侄，而使下走監察，故議員遂群居於南池子之屋中。曹汝霖又引下走為交次，坐升交長，取禍之因更多。迨兩院成立選舉會，而東海果當選矣。

徐東海之來去

東海籠絡徐樹錚等，為之組織國會，謀選總統，賃安福胡同之巨堂為議員俱樂部，安福系之名以著。迨當選總統後，讓再讓三，各省督軍捧場，議員亦竭誠擁戴，照例開會選副總統。東海慮合肥當選，有逼處之虞，副座選舉會屢次不足法定人數。而當其謙讓時，議會力催就職電文，則一律通過。東海遂以為天與人歸，怡然就職。合肥即日上辭呈，尚在派人挽留，而錢閣呼聲已遍達於國會。合肥再上辭呈，而錢能訓內閣即日成立。當是時，歐戰告終，協約勝利，參戰時各國所允緩交庚款，可作公債基金，眼前財政已有辦法。派赴參加和會，初派陸徵祥，加派顧維鈞、王正廷、施肇基、魏宸組同赴巴黎。而日在和會對山東青島一案，公然作梗，與會美英法等國，不為我助，誓以不簽字為抵制，[1]終以籌款贖回為結局。金錢雖損，主權未失，猶為差強人意。爾時對外風稍靖，又思利用外交，以促成南北和

[1] 時以段祺瑞為首的皖系軍閥及北京政府舉力主張於對德和約上簽字，但出席巴黎和會的中國代表，鑒於國內人民群人的堅決反對，而未敢簽字。

議。合肥所種參戰之因，而彼卻收其果，喜可知也。樹錚自以為擁戴首功，借此可以大展才略，乃乘機擴張勢力，先改參戰軍為邊防軍，而彼則謀充西北籌邊使，無形已握參戰軍指揮之權。其所部又由兩旅擴充六旅，共有八旅之眾。一面勸誘外蒙取消獨立，兼有冊封使之頭銜，乃以蒙古需用馬隊，將新邊防軍陳文運馬隊旅調赴西北，褚其祥步兵混成旅，原駐張家口亦同行。前此參戰軍督辦為段合肥，而督練編制皆靳雲鵬以參謀長獨任。至是靳覺其咄咄逼人，與樹錚勢不兩立矣。段合肥無城府之人也，漠然視之。雲鵬遂因張志潭，自結於東海。東海以樹錚已為北洋同人所側目，亦思所以抑制之，而靳張之計行矣。

適粵局改組為七總裁，岑春煊南則挾桂自重，北又與東海默契，南北停戰之命雙方宣佈，遂有南派唐紹儀北派朱啟鈐在上海議和之舉。殊粵局內部不和，中山與伍廷芳離粵，一切停頓。朱唐議和不成，迨改派王揖唐，則粵局糾紛更甚，且有不承認唐紹儀為代表之電。維時北局亦大變動，錢能訓請假，東海利用靳雲鵬代閣，靳遂聯奉張直魯，以傾樹錚。吳佩孚藉口於上海議和，南北調停，復得南方三十萬毫洋之開拔費，遂自由行動，以清段側為名，集矢於樹錚。樹錚所部六旅，兵駐洛陽；槍炮彈均在張家口，為吳所偵悉，故敢長驅到保，與奉張、直、魯及靳祕密開會，先解決駐洛無槍炮彈之六旅。樹錚方自張家口入京，只有兩旅在津可用。奉張以前此入關劫械，分贓不均，與樹錚挾隙甚深。靳又告以樹錚在西北潛植勢力，將由西蒙直搗東蒙，奪奉軍後路之吉黑，而靳、曹、吳合謀以傾樹錚之團體已成，東海亦為其所劫制也。

當事之起，有為東海謀者，以邊防軍改為京師預備隊，歸陸軍部管轄，仍由靳領。樹錚率兩旅南下援湘，此事或可緩和。但此策為曹、張、吳所反對，而徐靳無力作主，且以為斬草除根，亦是一法。但靳尚遲疑，告假十日，以海部薩鎮冰代理，即解去樹錚兵權，調為遠威將軍。命令由薩副署後，靳始銷假。此時大權已落曹、張、吳之手，靳亦唯命是聽而已。合肥告人言，樹錚跋扈，尚未見端，而佩孚自由行動，不加懲戒，是尚內有黑白政府乎？東海聞之，亦下令解吳兵柄，而吳已不聽命矣。斯時傅良佐來告下走曰：戰則兩敗俱傷，合肥宜徇奉張之意，使其入關以武裝調停；乃與之夤夜赴團河，候天明以此意白合肥。合肥以為然，即親筆作書，並以參戰處名義，寫一命令，請其入關商決軍事，即示以武裝調停之意。蓋奉軍已在灤河一帶也。不料下走方專車向奉天進發，剛到秦皇島，合肥有急電沿途截令回京。到京則良佐已在車站專候，告以樹錚以奉張必以兩罷為調停，而彼則不願交卸，一日內遍訴於段芝貴、曲同豐、劉詢諸人，諸人同詣合肥，願率兵與佩孚周旋，推合肥為定國軍總司令。蓋樹錚以直、魯、豫三省許三人，故三人為之慫動合肥也。此等出位之謀，用意極左，且參戰軍部下皆為靳氏所運動，陳文運按兵不動，曲部竟有倒戈者；劉詢對十五師亦指揮不靈，故至一敗塗地。樹錚兩旅在津，尚戰勝曹瑛，若合肥稍遲通電下野，山東馬良一師已出動來津，尚可從容講和。殊東海利用傅良佐向合肥勸阻，謂定國軍總司令各軍所推戴，合肥肯通電下野，彼以百口保之。合肥通電出，而全盤散沙矣。良佐以為彼有徐靳奧援，無與彼事，及通緝令下，竟無良佐，方代為慶幸。孰知良佐已為直軍捕拿，賂以二十萬元仍不獲釋，歷一年餘，良佐直發瘋矣。保釋時，聞其家尚有賂遺，但瘋癲已甚，不兩月良佐死矣。轉不如被通緝者，避入交民巷，居日兵營之有自由。由是而通緝王揖唐，解散國會，東海根本動搖，只好且作暫時傀儡矣。

殊以財政無辦法，雲鵬求去。靳在職時，引潘復為財長，潘除為靳維持魯豐公司外，一籌莫展。奉張薦梁士詒組閣，以梁在財界有宿望也。吳子玉通電反對，以梁為祖日誤國罪人，及電詢陸、顧[2]等復稱：梁無致電干涉和議事。吳又變其辭，攻其為帝制餘孽，竟忘卻征川之舉，吳亦隨曹入川矣。武人語不擇音，大率如是。奉張反唇相稽，為梁辯解，遂肇直奉之爭。殊奉軍不值一擊，則創出關，關內之事，唯吳主之。東海對國會本無惡感，因曹、吳不滿於國會，不得不解散，且明知解散國會，則總統無根，但太阿倒持，除俯首聽命苟延殘喘外，亦無辦法。前此認為軍閥互殘，軍閥盡則文治昌之念，至是已知其非，而無從挽救矣。

佩孚暫驅奉張於關外之後，日謀肅清中原，再及西南東南，武力統一之夢，較合肥而更甚。先佈置豫秦後，並去武昌之王占元而易以蕭耀南。先是趙恒惕以北洋自相攻擊，無暇南顧，由長沙直搗岳州。得手後，三路進窺武漢，占元張惶失措，向吳告急。吳已驅奉軍出關，遂率所部南下，去占元易以蕭耀南，親臨前敵指揮，擊敗趙軍，奪回岳州。趙恒惕惶恐

2 陸徵祥，顧維鈞，中國出席巴黎和會代表。

認罪，吳念其回師不追擊之前情，仍與議和，或曰三十萬毫洋，即由趙經手，此說不為無因。湘事既定，齊燮元督寧，蔡成勳督贛；滬之何豐林，浙之盧永祥，亦有人疏通，長江暫告無事。其時川中各派互訌，楊森失敗，求救於佩孚。佩孚資以軍械，使之謀川。又值粵政府滇桂爭權，唐繼虞帶兵入粵，適徐樹錚以舊部王永泉在閩上游，遂入閩與王驅李厚基。李不支而離閩。殊樹錚與浙盧不協，廈門臧致平為盧心腹，不聽徐號令。致平既恃浙援，而佩孚又派孫傳芳、周蔭人兩師，由贛入閩，王永泉感覺孤立，與孫傳芳聯繫。樹錚在閩設「制置府」[3]，假合肥名義為號召。合肥在北，顯係偽託，尤犯眾怒。永泉遂請樹錚廢「制置府」，樹錚知永泉有異志，悄然離閩赴滬，仍居租界。

此時沿江沿海，大半聽命於吳佩孚，志得意滿，莫不乘人之敝，收為己用。曹錕以為天下大勢，已歸掌握，在保定光園，聚集部屬，日謀取東海而代之。於時吳景濂獻策，利用舊國會，先借黃陂以驅東海，始由孫傳芳通電，略謂非法國會雖解散，所選總統有待研究。東海置若罔聞。繼而各省相繼回應。再進一步，吳景濂自由集會，驅徐易黎，仍借法統為口實，計黎補任尚有一年三月有餘，曹錕迫不及待，數月後，不俟黎氏補任期滿，始而張紹曾內閣總辭職，借政治以拆台。黎不為動，繼則種種壓迫手段，軍警罷崗，文武索薪餉，公民

3 王永泉原為徐樹錚西北軍第二十四混成旅旅長，後調來福建。一九二二年八月，王永泉得到孫中山所屬入閩北伐軍許崇智部的支持，聯兵趕走了福建督軍李厚基。十月二日，徐樹錚由浙來福州，即日通電成立「建國軍政制置府」。徐的活動得不到響應，遂於十一月二日離閩赴滬。

團包圍，並斷自來水電燈，無所不用其極，遂驅黎而辦選舉。[4]舊議員多國民黨，有一大部集議於上海以相抵抗。吳乃創為缺席不到者，以候補遞補，其實遞補者，並非候補之員，間多冒充，以賄選關係，含糊通過，而曹錕居然為大總統矣。其時指摘蜂起，奉張見有機可乘，遂聯絡國民軍馮玉祥，為倒直之計。蓋佩孚歧視馮玉祥，勒捐軍餉。馮餉多由奉軍接濟，吳不知也。奉張得此奧援，遂引兵入關，以討賄選為名。玉祥為內應，佩孚軍隊雖強大，內外夾攻，數十萬之兵，一旦解體，失敗情形，較樹錚尤甚。

4 黎元洪於一九二二年六月十一日至一九二三年六月十三日再任總統，時間一年。

段合肥之執政時代

在曹錕暴露賄選劣跡，與吳佩孚排除異己，專擅黷武時代，東南之孫中山總統，與西南昆明之唐繼堯，四川劉湘、劉文輝，西北之胡景翼、岳維峻、于右任，東北之張作霖，與滬杭之何豐林、盧永祥，在滬獨立之海軍林建章等，均有祕密結合，為打倒曹、吳之計畫。彼時南方孫總統與北方之段合肥，聯絡至密，擔任通訊者，在南為林森，在北為許世英；而張作霖與馮玉祥之默契，則極祕密，奔走者多皖人。張、馮兩方，均以段合肥為中心，因段對雙方情感相同。而大勢所趨，則東南之孫總統，與西南之滇唐、蜀劉，均極有力量。孫總統親俄之舉，通國皆知，林森對段，先標斯義。段謂以清初國勢之強盛與康熙之英明，獨設同文館習俄文，為聯俄之用，因吾國與俄毗連將萬餘里也。李合肥為我鄉先輩，我乃其小學生，彼一生獨以親俄者。睦鄰為國家大計所關，我無異議。此中山先生所以力疾北來也。而此後與俄立約，即基於此。不幸中山先生北來後，病勢日亟，開刀發現肝癌，其積勞致病，病根之深，非一朝一夕之故。此老賚志以終，合肥失一導師，為可惜耳。雖然此雖天事，亦關人為。當張、馮之擁段也，多數人認為良機，而下走獨認為危機。中山之歿，多數認為可喜，下走認為可惜。

蓋在中山未歿以前，原議先開善後會議，聚全國同志於一堂，以觀向背，訂定政綱，果大眾一心，此後即可如議應付。下走初建此議，合肥頗以為然，無如同事諸公，斥下走為無膽略。合肥素以剛強自用稱，而主張遂變。其公子駿良，得同鄉龔仙洲、許雋人、王揖唐、吳炳湘、姚震及短視之諸同僚所慫恿，力主急進，遂有先就職後開善後會議之舉。此舉民黨頗不以為然。適中山先生逝世，彼輩轉以為無所約束，故善後會議並無一國民黨參加，而政府亦不注重國民黨參加，此大失計也。而下走只好一時消極，置身事外矣。當下走之主張緩進也，持有種種理由，早以張、馮乃一時互相利用，必難永久合作。孫傳芳尤油滑難恃，吳佩孚餘孽未清，不可樂觀為言，因此頗中張馮之隱衷。張粗枝大葉，初不置意，馮頗意下走為臆中之所由來。此後下走雖置身事外，而於楊、孫交鬨，偶銜段命赴奉疏通，馮乃以下走為親奉，故於勾結郭松齡倒戈之先，深恐又為下走所覷破，或洩於奉。蓋參郭幕者，有林長民、李景和、蕭叔萱皆閩人也。於有誘禁之舉，但此事當時以為侮辱，而按之事實，脫身事外，不為各方面所疑意，無幕後主使之嫌疑，況又受其優待，亦可謂不幸之幸矣。因此合肥登臺後，所作所為，下走均不澈底明瞭，但其過去政潮之激蕩，根據所聞，亦可略知大概。

方馮、張之聯絡也，實因馮為吳佩孚所見外，對每月軍餉，發不足數，故不得已而受張之接濟。根本政策，兩人絕不相同，而且各有野心，其為暫時之利用，不待智者而知。迨吳之討奉，亦不甚注重馮之武力。以後為國民軍第二、三軍之胡景翼、岳維峻部，舊派之王懷慶，吳皆視為雜牌隊伍，甚不重視。爾時奉張以百四十餘萬圓巨額接濟馮，故行軍皆有默契。胡景翼、孫岳皆民黨也，以中山合作故，亦親段，與馮早有密謀，吳皆不知覺。迨馮回師，胡軍一致行動，孫禹行宿衛之兵，開門迎馮、胡軍，曹錕被困於延慶樓，馮猶以討吳擁曹為辭，逼曹免吳佩孚官職。馮通電將率三師到青海屯墾。馮提倡息兵電出，迎合者遍南北，吳猶掙扎，而部下星散，兵不可用矣。計馮玉祥自十二年十月二十三日回師北京，通電主和，更宣佈建國大綱五條，皆門面之語，真意何在，無所表示。到十二月三日，吳帶千餘人由塘沽乘輪南下，五日在京馮軍勒令溥儀出宮，而王毓芝、李彥青亦被捕，彼時各方雖有擁段為總司令之電，未允就職。至十一月十一日，段始有通電，稱諸將士討賊戡亂，為為國無我，蓋已表示出山之意矣。於是擁段之電蜂起，除吳佩孚外，乃至蓄意反對之齊燮元，及吳卵翼之蕭耀南，皆同聲響應。孫傳芳不甘居吳下，亦特別大出風頭，彼等隨風轉舵，真意所在，不過暫維現狀，以待機緣，非出於真心擁戴。而短視者，乃以天與人歸，互相諛頌，合肥遂墜五里霧中矣。此中可分數派：馮張為一時利用，吳佩孚為蠖屈求伸，蜀派則向係依違兩可，孫傳芳則雄心勃勃坐以觀變。此後兩年中之變化，固歷歷可數也。

自十三年十一月二十四日合肥入京，二十五日就臨時執政，公佈條文，組織內閣。外交唐紹儀未就職。此君善觀風色，且因國民黨之未參加會議，不便以一人之出處，失全黨之歡心。餘人則好官自為，並無宏旨。合肥生平大病，在自視太高，視事太易，無兢業心，無機械心，甚牢籠人才，處置反側，往者不追，來者不拒。張、馮之捧場，其野心何在，不注意也。由是馮、張暗鬥，乃至馮、張反目矣，張吳交好矣。此犖犖大者，盡人皆知，合肥亦非不知，而因外交承認，與關稅會議成立，認為財政、外交均有辦法。下走告合肥曰：關稅自主，即如願通過，內部糾紛更甚。蓋向者各爭地盤，不集矢於中央，果裁厘加稅後，則爭奪利權者迫於肘腋矣。此種情況，皆不幸而言中，但當事諸君子皆不以鄙言為然，仍一味盲目前進。於先組善後會議，竟一筆抹殺民黨，以為會員多實力派，議必可行，注重實力，雖不可謂非計，第實力派是否一致，則毫不注意。許世英雖屬民黨，實係舊官僚，且由法界出身，於軍界情形極為隔膜。梁鴻志得奉天之推舉，方得秘書長，其就職宣言，乃至臨時政制，皆非出其手。且彼與各軍界亦無甚關係，故實力派之勾心鬥角，來往通謀，彼皆茫無所知。總而言之，合肥以實力派為可恃，各官僚政客又以合肥為可恃而已。會議開，舉趙爾巽為會長。趙表面係奉派，張對趙尊而不親，此會無結果已在意中。當局不知也，亦不問也，若知之而過問焉，則宜早向各方疏通，迨裂痕已深之日，疏通已無從下手矣。

凡有一局面，必有一政策，可以籠絡各方，疏通方有效。簡單言之，即各方利益均等而已。今各方雄心勃勃，各不相讓，此中尚有均等之可言乎？以大勢論之，疏通無效，應即下臺，為異日捲土重來之地步。乃不出此，戀棧不捨，至欲為傀儡而不能，一生聲望斷送盡矣。此關於大局者也。由是日在張惶補苴之中。蘇齊抗命，苟且壓服，而楊宇霆、孫傳芳交鬨矣；楊、孫交綏，兩方苟且退兵，而滬案發生矣；乃至借交涉為名，以上海為緩衝地帶。此種現象，各方能合作乎？服從命令與政府威信更無論矣。由此無日不在糾紛之中，各逞陰謀，以至張、馮決裂，郭松齡倒戈矣。此時多數以為馮之謀略可操勝算，而竟不然。忽而下走與姚震被捕矣，忽而徐樹錚被暗殺矣；此局尚可支乎？而同人之包圍如故，合肥之戀棧如故也，馴至學生包圍章宅毀壞一切矣，馴而學生包圍執政府，警衛司令熟視無睹矣。所有線索，不待智而知，何至待警衛軍包圍執政宅第而後知乎？然猶不即迫合肥下臺者，彼輩之言曰，關稅會議可以利用也。其奈張、吳聯軍追蹤甚急，馮急不能擇，乃欲降吳，派員去電，而吳不受降，蓋吳力已薄，恐開罪於張也。大勢如此其明顯，而尚有賈德耀一般人，尚欲利用合肥，以延其殘喘。迨至馮軍西撤，張吳合作成，始宣佈下野。皖系官僚，誤段至此，亦可為長太息者矣。

孫中山來京病死之前後

中山已於十一月十七日到滬，預備北上，而段亦鵠盼中山到津，同行入京。適中山身體不適，北來無期，各方擁戴之電已歸一致，十月二十二日段遂入京，二十日就臨時執政職。中山十二月四日方到津，段派多人到津歡迎。五日中山電段，以病體宜休養，暫緩入京。迨十二月三十一日，中山力疾於上午九時到京，隨員先一日行，招待所設在北京飯店。次早中山只帶德醫及汪精衛、邵元沖等十餘人到京，未到鐵獅子胡同行轅，先到北京飯店，即入協和醫院治療。一月三日照愛克司光，察知肝臟腫硬，逐日加劇。二十七日由外科博士泰爾施手術，發見肝癌，未動刀仍縫好。二月五日用鐳錠治療，病象轉輕，至十八日病勢嚴重，遂於是午乘病車回鐵獅子胡同行轅，住大客廳，仍由德醫克利、美醫泰爾會治。延至三月十一日病勢危急，十二日晨九時半逝世。發表遺囑後，因定製棺柩未到，暫借協和所備木棺，於防腐手術完畢後，棺斂移靈中央公園（後遂改為中山公園），二十七日開吊。此等經過，各方均有記載，唯有一節外間所未知者。當開吊日，合肥已傳齊執事穿好衣服，備好汽車，正欲上車。朱深本在中央公園照料，乃匆匆跑到吉兆胡同，報告民黨將於合肥臨吊時出以非常手段。合肥在猶豫間，下走適在側，謂此說大離奇不可信。彼時預備隨往弔祭，不止下走一人，下走以為必無。朱深力言其有，且謂由偵探報告，彼本人證實。下走謂萬無此理，此謠太無意識。朱聲淚俱下，附和朱說者多，遂以臨時腳痛舊疾陡發，不能行禮為辭，改為派員致祭。彼輩所為，專為破壞段與民黨感情，蓋恐段親近民黨，將來民黨參加奪彼位置也。從此段系、孫系格格不相入矣。

善後會議注重實力派及齊力派之矛盾

善後會議，中山生前既未同意，民黨未便加入，而官僚派轉認為辦事順手之一端，蓋聯孫非彼輩意也。實力派議即可行，此說亦無可厚非。無如各派不顧大局，無不思操縱政柄，擴充地盤，利害衝突，不可究詰。許為籌備員，既不拉攏良黨，又非軍界舊人，於實力真象茫然，無從向各方聯絡，會議無效，已在意中。組織法由閣議通過，南來閣員聞聲傾向，不明底蘊，固不足異。而北方舊人亦毫無警惕，重表面而不問內容，各方陰謀群起。馮屢請假蓋欲早避嫌疑，使張之江、李鳴鐘、鹿鍾麟出面發動，早視善後會議為兒戲。張亦意不在此。後此馮助郭倒張，張聯吳討馮，政治恩怨，轉瞬變改，譸張為幻，已肇於此。

蘇齊抗命失敗　贛則蔡去方來　浙孫始勝終敗

在馮、郭陰謀未發，奉張志在操縱長江，與孫爭雄，適齊燮元獨立於寧，張乘機推舉盧永祥為宣撫使，撥邢士廉一師歸其統率南下。此議楊宇霆力主之。又舉鄭謙為江蘇省長，實自為計，謀繼承盧缺地也。迨明令免齊職，齊自署為保安司令，對中央獨立。但因齊乃保系，吳無表示，孫與齊素不相能，其勢甚孤，故不得已聽命下野。蔡為方本仁所逼，節節敗退，方本聯孫，故蔡亦遵命下野[1]。自表面觀之，長江似有辦法，其實奉張、浙孫日在勾心鬥角中，盧永祥不能少為展布，憤而辭職。奉張乃薦楊宇霆督寧，姜登選督皖，長江變化此其開始。滬案爰生，奉張慮鞭長莫及，囑楊、姜退讓。楊、姜辭職，孫督蘇，鄧如琢督皖，周蔭人督浙，孫頗自滿，仍用兩面手段，事實不聽中央命令，託辭驅奉為一時權宜，又以私電敷衍合肥，並及駿良，派員來京徑謁駿良，誓以服從老師到底。更與張宗昌以私交聯絡，求其疏通奉張，對海軍第二艦隊司令陳紹寬極力拉攏，均以合作捧段為號召。合肥頗信之，

[1] 一九二四年江西督理蔡成勳免職，方本仁繼任為江西督辦。

下走謂此當年奪闖王永泉之故智，今似不可再信。段謂不信又將如何。下走曰準備下臺。段默然。詎料孫此後大敗，率餘燼因張宗昌降奉，尚圖掙扎，其無恥無信，可發一噱。

川亂之一斑

天下未亂蜀先亂，此舊說也。但川人劃疆自相殘殺，而時挾中央以自重，其日尋干戈各據一隅，雖老於川事者，罕能詳其始末。合肥執政只兩年，即此一瞬之間，欲將爾時防區制，朗若列眉，亦非易易。蓋此進彼退，彼仆此興，不可究詰也。今只就關於中央所處置者，約略言之。

十四年二月七日，政府發佈命令七條：

一、四川川邊道所屬地方，著改為西康特別行政區域；
二、特任楊森督辦四川軍務善後事宜；
三、鄧錫侯免去四川省長本職，專任三十師師長；
四、特任賴心輝為四川省長；
五、特任劉湘為川康軍務督辦，所有該省區軍隊均歸節制；

六、特派劉成勳為西康屯墾使，兼管良政事宜；

七、派劉文輝幫辦四川軍務善後事宜。

此種佈置，為川中各代表與鄧漢祥分別協議，中央不過稍微折衷，故令下尚無反響。緣鄧為黔人，久宦於川，對各方厲害稍微明瞭故也。而發表後，楊森把持省稅、兵工廠、造幣廠，又覬覦鹽稅。施稅在自流井，出兵與賴心輝激戰，各方群起責難。中央始而派劉湘查亦，劉湘亦參劾楊森，於是政府調楊為參謀總長，而以劉湘兼川督。楊雖藉口延不交待，而各方群起而攻，中央命令卻能生效，然從此中央杌隉，川亂迄無已時。但劉湘頗有權術，對黔軍袁祖銘、周西成、王天培等，均能拉攏利用，中央已變，川亂未已。

學生搗毀章教育長住宅

搗毀章宅，係五月七日，先是「五一」、「五四」兩紀念日，警察廳先事預防，僅在前門內順城街私立中國大學與警衝突，情勢不重，捕去學生一人，當日下午釋放，以為風潮可免。不意九日下午一時，天安門聚集學生三千餘人赴執政府。段已回邸，遂到吉兆胡同，段邸已有戒備，衛隊張營長，與學生商妥，推舉代表二十人，入邸請願。段派鹿鍾麟、衛興武為代表，與代表董臨等四人接見款待。請願四事：一、罷免章士釗、朱深；二、恢復言論出版自由，廢止治安警察法；三、釋放被捕學生；四、學生死傷分別優恤。事實上學生已釋，其他勢難曲從，相持甚久而散。先是七日天安門大會未成，乃於下午二時餘有二百餘學生到司法部質問章氏。章確未到部，學生亦即散去。突於五時餘忽有學生五百餘人闖入魏家胡同十三號章氏住宅，章氏夫婦均外出，守門警察僅十餘人，攔阻無效，學生遂任意搗毀，不留餘地而散。右四區警察署署長帶數十警趕到，學生先打警署長，數十警察徒手相搏，大打一番，兩方負傷甚多。大隊警察趕到，把守前後門，下令逮捕，被捕者十七名，學生方退散。警廳照章將十七名解交京師地方檢察廳，正式起訴。章夫婦先覓其三公子，始知長、二已由家庭教師從後門挾二人以逃，三公子則由警區救護而出。章即日辭職，合肥決定慰留。十四日學生代表仍到吉兆胡同，合肥拒不見。十八日又去，合肥傳語三點：一、學生只能陳述意見，不能提條件逼令政府照辦；二、在讀書時代，不應參與政治；三、對某事某人辦法不協可以提公訴，不應聚眾暴動。適滬案起，目標漸轉，學生另找題目矣。

滬案之過程及各派之分合

五月三十日，上海英界慘案發生，政府與學生取同一態度，故天安門屢次大會，尚無出軌行動。迭次外部對外交團抗議，學生尚滿意。但漢口因太古碼頭工人得學生支援，罷工風潮頗大。英水上義勇隊又以機槍掃射群眾，死傷華人多名。十四、五兩日，天安門均有援助漢案大會，遊行示威。漢案於七月二十三日就地議結，以界外英兵代以華警，並認賠償損失了之。至滬案則我抗議被駁覆，往返多次，於我所提各條均允商改，但以不能片面廢止為辭，並求詳細再行調查。我方未允會同調查。正在磋商遷延，政府已有上海改為商埠，蘇浙均不駐兵及撤改兵工廠為商用工廠之規定。此時盧永祥辭職，楊宇霆督蘇，姜登選督皖，皆奉派也。孫傳芳藉口三個月前，楊曾派邢士廉駐滬為詞，四路攻，楊鑒於奉軍鞭長莫及，形勢不利，一面撤退，一面辭職。孫部直逼徐州，與魯張對峙。在此一觸即發之時，寇英傑、岳維峻均傾向孫傳芳。岳軍已出豫境，一沿隴海窺徐州沿津浦窺濟南。吳佩孚在漢，竟通電自署為討賊軍，攻擊政府，但實力不厚，自局外推測，以為吳或與馮有聯絡。蓋在此時國奉兩軍在京津一帶互爭防地，故一致對奉之謠日熾。奉軍當日之形勢，熱河有湯玉麟與闞朝壐，天津有張學良與郭松齡，大名有李景林，灤州有張作相，山東有張宗昌，軍隊在十餘萬以上。黑龍江吳俊陞亦妥為準備。馮玉祥態度模棱，雖有反奉之謠，而仍昌言保境安民，與奉仍甚接近。保安讓防，乃岳維峻與李交涉，馮派頗為鎮靜。十一月二十四日，政府以楊、姜退兵辭職，乃令免楊、姜職，以孫傳芳督蘇，鄧如琢督皖，周蔭人督浙。方以為蘇、魯妥協，國民軍安民保境，奉、國各守原防。吳佩孚雖在鄂通電，自署為討賊軍總司令，實力不充，事勢不同，無關全局。不料馮玉祥勾結奉部郭松齡倒戈。郭通電出，孫亦停進，張宗昌徐州前線並不吃緊，唯李景林處境困難，頗有態度暖昧之謠；迨與張宗昌聯合後，態度大變，於國民軍與李大戰於天津。李由天津敗退，並未全潰，仍能支持，與張宗昌犄角。國民軍於天津雖得手，而郭軍倒戈甚不得手，不及一月，郭一敗塗地，死於新民屯，夫人同死，林長民亦於新民屯被流彈擊死。其部魏益三駐山海關，仍傾向國民軍，在山海關對奉獨立，卒以寡不敵眾，魏敗退歸國民軍改編。李景林得張宗昌之援助，反攻天津，天津復入李手。國民軍勢力大衰，馮玉祥通電下野出國，由其部張之江、李鳴鐘、鹿鍾麟等求吳收容，即欲聯吳以倒張也。吳拒不受降，於是鹿鍾麟為媚吳故，以為先對段翻臉可取信於吳，故大張旗鼓迫段出逃，為虛左以待之計。殊不知已落後者，奉張早已與吳聯合倒馮矣。蓋郭之倒戈，倚馮為援，而當年馮之倒戈舊憾，吳尚不釋也，政治恩怨皆以眼前利害為前提，道德信用掃地盡矣，宜其同歸於盡也。

曾姚被捕及自由之始末

十一月二十七日，在郭變前一日，下走將赴津，在車站被捕，軟禁於警衛司令部，待遇尚優。逾二日姚震亦被捕。震兄國禎時督辦煙酒，在公款中為籌軍餉三十萬，其私人亦薄有應酬，震即被釋。下走無官守，堂叔宗鑒為外交次長，外部無財源，次長無權力，故被禁日期，計四月有零。迨國軍全退卻日，始由其招待員授以軍衣，與勤務兵雜入軍隊中，出司令部而入交民巷，仍自籌六萬元犒軍，請其不再相仇，故以被釋發表。其時李思浩已在交民巷安鎧第，遂往投之以避厄。當下走之被捕也，徐樹錚尚未入京，鹿[1]晤下走時，謂外間形勢複雜，我為保護起見，請勿誤會。下走唯唯。郭倒戈通電出，亦未以報紙示，迨徐樹錚被刺見報，始以數日報紙交閱，謂我對你是保護，今當相信，你係文人，與我輩無仇怨，決無意外。下走亦唯唯。繼問，照你判斷，郭張勝負如何。下走答反對其父而擁護其子，可見郭兵權不穩固。我在奉久，知奉軍雖歸張學良統率，而補一什長皆請示其父，不論官長矣。

1 鹿鍾麟，時任北京警衛司令。

故郭電不敢有漫罵語，其氣已餒，我見如此而已。他官長見過者，不過求醫談相，漫於周旋，不敢涉軍政一字。忽一日，劉之龍來談，渠係舊相識，當時以馮援得為崇文門稅局督辦者，談次，謂馮有電囑其徵下走同意，可否赴奉作調人。下走力辭之，謂居此四個月無恙，可知相待不薄，今到奉天，彼必疑為奸細，予以扣留。且兩軍翻臉至此，雖有蘇、張，亦難措詞。今日情勢，處處畏途，我不特不敢赴奉，且亦不願離此。故直至馮軍全撤日，始敢自由行動。

徐樹錚被暗殺之真因

徐樹錚有勇無謀者也，以彼結北洋同人之怨恨，於是直系段系之說起。靳雲鵬事段先於樹錚廿餘年，素以段系前輩自居，樹錚與不相能，齮齕備至，而又奪其兵柄，餘子更不在其目中。此等禍根，猶為人所共知。民八倒戈之役，靳為謀主，張志潭特其助手，吳佩孚、張作霖乃其工具也。段倒樹錚逃閩，閩浙唇齒也，浙盧段系也，樹錚不引盧為助，而在閩組「制置府」，假段之名，而己操其柄，乃以命令指揮浙盧，遂公然反對矣。浙盧發難，本與奉張遙為聲援，樹錚與奉張又早不兩立。浙敗後，吳亦為張、馮所敗。張、馮起而擁段，樹錚與馮有舊隙，因馮以十六旅駐武穴時，樹錚曾撤其職也。孫傳芳者，即助曹攻閩以驅樹錚者也，化仇為友，豈一、二人解釋所能為功。樹錚異想天開，欲引馮孫為同志以倒奉，以彼手無斧柯，以何勢力與人合作乎？其中實有非非之想。當浙盧失敗之際，樹錚欲利用盧之叛將陳樂山，收容盧之軍隊，以租界為根據地。齊燮元借外交之力，驅之出國，行到香港，英人不許上岸，囑其在船候船。忽報曹、吳失敗，馮、張擁段上臺，段知張、馮與樹錚極不相容，乃派為出洋考察實業專使，使之出國，所以曲全之也。殊樹錚不甘閒散，聞孫驅楊、姜，乃反張之舉，而郭之倒張，馮實與謀，馮張亦有新隙，故亟亟回國。過滬頗有逗留，先與孫洽，又召其舊部宋子揚南下。宋在二十師時，乃馮舊部也。於是以渠[1]在法時，與法商訂有供給軍火之草合同為餌，謂孫、馮與彼合作，可以同享此利益。彼非到京不可之故，蓋欲得政柄而實行其計畫也。奈到京以此干合肥，合肥謂政府已如贅疣，我日求去，此安可者；且批准此合同，先付一成保證金，貨到付三成，均非今日所能辦，亦非今日所可辦。大約孫尚滑頭，馮已拒絕，彼方儽然南行。奈孫、馮無常識，不知此草合同非得政府批准付定改換正合同，乃一張廢紙也。倘兩人有此常識，或不下此辣手。在不識字之武夫，無此常識或尚可諒，樹錚久在陸部，豈至糊塗如此。吾不知其自欺乎？以此喪命，亦太可悲。

1 指徐樹錚。

許閣賈閣之無聊

執政本係共同擁戴，共戴者既已互攻，政策不行，決然下野，極為光明正大。乃舍此不為，始而更改閣制，許閣無辦法已在意中。許去賈由代閣而正式改組，更同兒戲。適在是時，學生圍府連續二、三次，愈演愈烈，兵警學生各有傷斃，釀此慘案，留此污點，謂非許、賈等所貽誤可乎？馴至警衛司令包圍段邸，又發驅段迎吳通電，遭此奇變，段方決心去職，毋乃太遲。彼慫恿上台主張戀棧者，能建一策否。甚矣其闒冗也。

十五年四月十八日合肥通電下野以胡維德攝閣

四月二十日早九點，段先到東交民巷，偕諸同人由水關上車，奉軍一營迎護到津，此後遂與政治絕緣。十六年國民革命軍北伐，開始出長江，孫軍敗退，北來降附奉軍，遂與張宗昌、張作相、吳俊陞等八人擁戴奉張為海陸軍大元帥，而山西之閻錫山不與焉。北伐軍之取道湖南者，吳佩孚在汀泗橋迎戰，一敗塗地，十餘萬眾完全消滅。北伐軍由京漢與津浦兩路並攻北京，張作霖不能禦，乃退兵返奉，過皇姑屯，為日人炸斃。關內統一之日，蔣派吳忠信慰勞合肥；不數日本人亦至。因蔣乃保定軍官學生，所謂軍閥唯一之餘孽也，此亦因孫段[1]聯盟關係，故有是舉。如是蟄居天津者又二年，日變起，溥儀出關組織滿洲國，關內日兵亦極橫行。二十二年二月，允蔣迎請，到滬住陳調元宅，僑居三年，於二十五年十一月二日病逝滬寓。北京以二十二年五月塘沽協定，尚在宋哲元勢力範圍，遂移柩北上安葬。合肥一生於此結局，日人大舉入關，渠已不及見矣。斯時下走等遂南走香港，曾入重慶小住兩

1 此孫段聯盟，指在此之前孫中山與段祺瑞、張作霖之「三角同盟」。

月，蓋表示不參加組織也。仍回港居住，迨港為日占，猶蟄伏一年，後知日軍大敗，不能守港，戰事之起，必先南而後北，既同在日人勢力範圍，遂北回恃金魚池養魚為生，於政治完全隔膜。而八十以上老翁，精力日衰，故紀述至此而止。

（原刊於《近代史資料》總六十八號　中國社科院近代史研究所　第一九—五六頁）

憶語隨筆　一

緒言

我參加段祺瑞的幕下較早，所以對北洋軍各將領一般比較熟識。段遇事經常派我到各處聯繫，因此就形成我的工作南來北往，行蹤無定，同僚們就賞我一個官銜，稱為「行秘書」。當時情況也確實如此，名符其實。可惜我素性疏懶，佐幕過程，缺少記載，年老健忘，盡成陳跡。現將回憶所得，略述如下：

一

辛亥革命時，袁世凱為迫使清室退位，暗囑靳雲鵬擕電稿至前線交段祺瑞以前敵將領名義拍發。電係致王公內閣各府部院大臣，催發共和詔旨，內有：「陷九廟兩宮於危險之地，此皆二三王公之咎也。」又有：「三年以來，皇族之敗壞大局，罪難髮數。」此電著墨無多，極切要害，我以原稿照發。袁之出此，係再進一步威脅王公大臣也。惜此電到京，清室已退位矣。

段聯合前敵各將領迫使清室退位通電發出後，王士珍有電致段，責以皇恩浩蕩，不應發此電。段交我擬稿，囑申以大義婉辭復之。由此可見，王始終為保皇派也。

二

段奉命率第二軍南下，過石家莊，適第六鎮兵變，統制吳祿貞被戕。蓋吳袁素來敵視，吳授山西巡撫之後，與晉軍妥協，宣佈燕晉聯軍，截軍械，劾廕昌，且將會師北京，袁知之益為嫉恨。時協統周符麟，為六鎮舊部，與吳本不愜，又因撤職懷恨，遂假手吳之衛隊長馬蕙田殺之。後有人攜吳之首級來報功者，周符麟報之於段，余適在側。段告周云，此案中央作如何處理，尚不可知，汝與之五千元，告其速去。後雖有電派段查辦，結果亦不了置之。自吳祿貞死後，袁即由漢口前線返京。吳之死，其蛛絲馬跡可知矣。（最近聞馮國璋之婿陳之驥談：在吳祿貞死後，探得吳之首級埋於某處之柳樹下，曾遣人按處挖掘，卻遍覓不得。）

三

徐州會議前後共四次，發動於張勳。張素以效忠清室自居，且以辮子軍獨樹一幟。在袁生前，江蘇將軍馮國璋在南京召集會議，意在利用袁與護國軍對立局勢，由彼造成第三種勢力，進而取得臨時總統。袁知之，使張驅馮，餌張以督理江蘇軍務。張結倪嗣沖阻撓南京會議，會議無結果而散，馮之總統亦成泡影。不久袁死，張勳以南京會議之各省督軍代表，邀往徐州會議，有奉、吉、黑、直、皖、豫、晉七省代表。其他諸省因興趣不同，未參加。一九一六年六月九日，徐州第一次會議開始，張派參謀長萬繩栻宣佈會議要綱，共十條，第一條即尊重清室優待條件。張本人在會上高談闊論，緬懷大清朝深仁厚澤。各省代表不知所云，姑聽之而已。隨後外間復辟之謠盛起，張尚掩耳盜鈴，發電闢謠。在另一方面，張之召開會議，外表以固結團體、拱衛中央為辭，實則組織北洋各省軍事攻守同盟，用以對抗西南護國軍，挾制北京政府，保全個人權力地位。張個人則利用此形勢，取得北洋派各路諸侯大盟主地位。此為第一次徐州會議之主要原因與作用，此次我並未參加。

一九一六年九月二十日，張勳又召集第二次徐州會議，七省擴大為十三省區聯合代表會議，聲勢龐大，舉張勳為盟主，定聯合會章程十二項。根據各款項說明，此次會議，不僅對抗國會與國民黨，以及西南各省之軍事同盟，且防止北京政府之集權。開會之次日，安徽省長倪嗣沖趕到參加，當即改為緊急會議。倪建議解散國會，廢止舊約法，罷免西南派唐紹儀、孫洪伊、谷鍾秀、陳錦濤、張耀曾五總長。此決議限北京政府三日內答覆。各代表中有以未取本省督軍同意，不敢贊同者。當日會議無結果而散。逾日國務院派我由京攜帶反對唐紹儀任外交總長電稿到徐州，張勳、倪嗣沖主張照原稿通過，遂以張勳、馮國璋、王占元等三十四人名義，照北京帶來原稿發出。各省督軍代表有隨聲附和，有表示不同意者。

唐之外交總長，乃黎之提名。段不願西南派參加入閣，其左右以全力拒唐來京就職，乃利用第二次徐州會議攻擊唐紹儀。唐聞之，即自動辭職。在此同時，會議亦討論內閣問題。張勳主張以徐世昌組閣，段退為徐閣之陸軍總長。蓋其意在首先奪取段之北洋派領袖地位，其次用徐世昌為復辟開闢道路。故徐州一隅，幾成為政治中心，政治犯及政治野心家進行陰謀活動，皆聚集於此。其中有帝制犯之顧鼇、薛大可，有北洋派下臺軍人、政客，如陸建章、阮忠樞等，張勳均禮聘為高等顧問。康有為亦時常被邀來徐，為座上客。北京政府雖有令制止軍人干政，但形同具文，帝制派、政治陰謀家、投機政客仍不絕於途。北京方面，黎段愈不和，張勳則愈覺有機可乘。

一九一七年一月四日，倪嗣沖以北方軍閥代表到南京為馮國璋祝壽，賀客中有段系之徐樹錚、靳雲鵬、吳光新、曾毓雋、丁士源等，乃邀請各代表到徐州會議。議決五項如下：（一）請總統罷斥佞人；（二）取締國會；（三）擁護段總理；（四）淘汰閣員；（五）促成憲法。北京政府國務院雖有電阻止各省代表參加會議，實為掩人耳目的表面文章。段之左右正欲假手各督軍代表會議，推倒總統，解散國會。此即久已停頓而復活之第三次徐州會議也。

一九一七年五月二十一日，徐州又召開第四次會議。北京掛專車直放徐州，內有倪嗣沖、張懷芝、王占元、李厚基及各省督軍代表二十餘人。開會之次日，黎毅然將段免職，以伍廷芳署理總理。各省先後宣佈獨立，段退居天津，復辟之謠更熾。段以在野身分，派我到徐州參加會議，出席督軍有張懷芝等三數人。我先晤萬繩栻，萬首語即謂彼此以閩語相談如何，蓋萬原籍江西，久宦吾閩，故能閩語。萬邀我單獨見張勳於他室，寒暄數語，張即離去，謂有事可直接與公雨（萬繩栻號公雨）商之。我對萬鄭重轉達段意，作懇切之聲明，如議及復辟，段必盡力撲滅，勿謂言之不預也。萬一再否認。萬為張之謀士，屢屢以閩語與我交談，蓋恐我露出段反對復辟，有礙於會場中空氣，故談我於別室。我知有變，返津報之於段。不日徐樹錚亦由徐州返津，將會議內容告段。逾日，黎元洪明令張勳率部拱衛京師。張率辮子軍六千人入京，聲稱以武力調停府院之爭。段告我，黎此舉必上當也。七月一日，張擁清帝復辟。段次日誓師馬廠。當時參贊戎機者為梁啟超，洋洋數千言通電，皆出其手。我即赴濟南坐鎮，使張懷芝堵截辮子軍北上。徐樹錚則留守蚌埠，意在牽制辮子軍北上。有人謂徐樹錚參加第四次徐州會議時，暫不表示反對復辟，是誘引張勳放膽進行，假張勳之手以驅黎，然後擁護共和再打倒張勳，恢復段之政權。然徐之於我未嘗露此計劃，但事後王郅隆曾對我云，徐曾對王說：「張勳是復辟腦袋，先讓他去做，我們機會就來了。」以此語證之，前言不謂無因也。

四

袁世凱決心做皇帝，組織籌安會。段祺瑞反對帝制，辭陸軍總長，請病假，袁給假兩個月，住在府學胡同家裡，閉門不出，拒絕見客。但是段和一部分人還是照常見面，如總統府秘書長梁士詒、文官長夏壽田等這類人物，因為他們是帝制派，所以常來沒有關係。有時袁也派他們來和段商談。有一次段對我談：「我反對帝制，只能用口不能用兵。我想袁不至對我有所不利；萬一有，那我就坐以待之。」以後有人傳說，段當時被軟禁。其實軟禁確還沒有，但是袁的大兒子袁克定對段反對帝制，非常不痛快。因為段在當時是比較有力量的人物，段若是反對帝制，可能對他未來的皇太子直接要受影響。所以這位袁大公子打算用警告恫嚇手段，來對付段。這種風聲讓段的張夫人聽見了，就想盡法子，告訴了袁的于夫人（張夫人為于夫人的養女）。于夫人立刻告訴了袁，袁當即將袁克定叫來，告訴他說：「你姊夫對帝制有意見，他不是以兵而是以口。我聽說你在外邊對他有不利的行動，應趕快停止。他是我們家裡至親，現在事還沒有定，我們內部就這樣，將來更不堪設想了。」這之後，段的安全是比較有了保障。

不久蔡鍔起義，夏壽田對段談，他想給袁獻策，仿照英王兼五子國大皇帝例，袁就以大總統兼滿蒙大皇帝，蒙藏一切不改現在策封，借此下臺。段聽見這個辦法，私下甚以為然，微笑著對夏說：「你的主意是相當高明，恐怕不易接受。」夏回答說：「袁總統很明白，可惜為群小包圍。現在雲南已經起事，我說的辦法也許能通過。」過了幾天，夏見到我說：「芝老畢竟和袁相處的久，相知的深，果不出他的預料，我的建議袁起初覺得很動聽，以後楊度來警告我，不要亂出主意。因為楊私人對我感情還不錯，並且告訴我不贊成我的建議的就是那位袁大公子。」從此夏也不敢亂發議論了。

五

直皖戰起，吳光新以長江上游警備總司令受段密令，調遣宜昌、沙市軍隊集中漢口，準備出兵河南攻擊直軍後路。某日吳渡江到武昌，赴湖北督軍王占元之宴，有人勸吳不必去，恐有意外。吳不信，單刀赴會，果被扣，被軟禁於督軍署花園內。吳當時之兵力有第二十師及暫編一師，約一萬數千人，一槍未發，即由王占元繳械解散，或接收改編。皖系戰敗，發表安福系禍首十人，吳亦在內，通緝令未發表，吳早已被捕矣。事過境遷，王占元覺得段仍有他一定力量及用處，暗中將吳放釋。但是時津浦全線為直軍勢力範圍，不能通行，王占元派日本人城口護送吳到上海，搭日本船上海丸到長崎，再經由東北返回北京。從此城口由吳私人供養在家中管理小事，負責教育兒輩。吳之兩子到日本上學，皆由城口安排護送。以後浙江盧永祥與奉天張作霖合作，我由上海到奉天，亦因通緝令未取消，不能取道津浦，初起一、二次亦由城口護送，照以上途徑到達奉天。以後熟識此路旅行方法，即不用城口護送矣。

六

我對段執政局面始終不敢樂觀者，其理由以張作霖、馮玉祥乃一時彼此利用必難永久合作，是時因群龍無首，雙方以段作暫時之馬首耳，豈真意相擁護耶。在執政初期，某日與段談論局勢，段對我云：「雲沛！你不應當對國家事採取如此消極態度。」我答：「並非消極。我認為老總在如此形勢下，急於上臺，好比是一張三條腿的桌子，一攻便倒。」段當時適手持一茶杯，對我說：「此杯固是鋸合而成者，我握之掌中，可暫不碎，若我放手便落地碎矣。」我答：「杯不由我碎，待碎時由我全之，則反易耳。」段停疑半晌，又說：「汝言固是。汝意將如何？」我答：「現東南之孫中山，西南之滇唐蜀劉均極有力量。迎中山先生北上，相聚一堂開會解決國事何如？」段謂：「甚好。我同意。汝速進行，姑試之。」此為孫段合作之開始。

遲日，王揖唐聞之，欲去聯絡。段謂此人好招搖，勿往也，仍汝為之。我派堂兄曾慕皆攜函南下，先與林森接洽。林徵得孫中山先生同意，隻身來京，我引之見段。林首先表示，中山先生欲先決者為聯俄問題。段謂：「吾國與俄毗連萬餘里，睦鄰為國家大計所關，我無異議。」林南歸報命，電覆中山先生願北來。我又派慕皆帶程儀兩萬元面呈中山先生，中山先生以親筆收據一紙交與慕皆。此件屬於歷史文獻資料，年久散失，憾事也。後派人南下迎孫中山先生，段本屬意於我，後以許世英自告奮勇，又為老國民黨，彼既願去亦善，我讓之。中山先生力疾北來，不幸到京旋即病逝。當中山先生未歿以前，原議先開善後會議，聚同志於一堂，訂定政綱，共商國事。但因段之長子駿良得同鄉龔心湛、許世英、王揖唐、吳炳湘、姚震及短視之諸同人所慫恿，力主急進，段遂先就職，後開善後會議。此舉國民黨不以為然，適中山先生病逝，彼輩轉以為可無所拘束，故善後會議國民黨無一參加者，而政府亦不注重國民黨參加。

中山先生逝後，開吊之日，段穿好衣服正欲上車前往致祭，朱深來吉兆胡同報告，說頃由中央公園來，聞國民黨人將於段臨吊時出以非常手段。我適在側，謂此說離奇，不足為信。朱深力言其有，且謂由偵探報告，被本人證實。我謂萬無此理，此謠無意識。朱聲淚俱下，附和朱說者多，段遂臨時以腳痛舊疾發，不能行動為辭，改為派員致祭。

七

馮段之間對南方和戰意見分歧，馮主和，段主戰，至長江三督主張停戰，雙方意見更甚。徐樹錚乃引奉軍入關，對馮採用軍事威脅手段。張作霖在軍糧城設立關內奉軍總司令部，以徐樹錚為奉軍副司令代行總司令職務。秦皇島劫械之後，分編六旅，以一部南下，以一部進駐廊房。不久張對徐之隨意調遣奉軍，漸覺不滿。後徐又以奉軍副司令名義，在天津誘殺陸建章，事前未得張之同意，張認為此舉與奉軍影響甚巨。嗣張又發現徐挪用奉軍軍費數百萬元，作為其他建軍之用，怒甚，解除徐之奉軍副司令職務，撤回奉軍司令部。從此張徐分矣。

入關後新編之六旅，張徐互相爭奪。因開始招編時，關外官兵者四旅，關內官兵者兩旅，段按當時具體情況，批示以四旅歸張，以兩旅歸徐。徐極不平，大鬧不休。我為息事計，勸徐何必在此一旅上計較得失，我代汝籌二百萬元，為君補充此一旅人馬何如。徐因段批示，大勢所趨，無可如何，因之對張恨甚。某日我宴張、徐於天津某軍衣莊中，陪座有楊宇霆等，吾意在為張、徐作和事老，不意酒半，徐忽對張說：「大哥汝現在既有地盤，又有兵力，汝不要逞強。我現在兵力單薄，不能征服汝；我如實在不行，將來總有一天帶日本兵打汝。」徐樹錚的一番話，引起滿座失色。張作霖聞言，態度甚冷靜，急舉杯對徐云：「老弟何至於此，我的兵不就是你的兵嗎。乾杯！乾杯！」我為東道，當時啼笑皆非，不歡而散。逾日我將當時窘狀告之於段。段謂又錚（徐樹錚字又錚）到處樹敵，亦徒喚奈何。張徐之隙自此深矣。

八

馮國璋向日本購軍械，此舉段事前一無所聞，馮亦未就商於段，蓋馮備以擴張其個人勢力者。劫械乃徐樹錚與奉軍楊宇霆合謀。械到秦皇島時，楊宇霆攜徐樹錚交其陸軍部所發之取領證件（此證件係徐在陸軍次長任內留下之空白者），乘裝械日輪初靠岸，即憑證交涉將械截留，聲言為南征之用，一面截留，一面電向政府請領。此謀徐事前未向段請示，徐亦知此舉段必不同意。及截械事作，段不悅樹錚所為。某日我同樹錚均在段處，段謂劫械是「教猱升木」。徐答以長江三督之「升木」誰教之，段亦無詞解釋。蓋長江三督主張停戰，係馮國璋暗中主使者。馮段之間，論交情，論利害，主和主戰，兩人盡可相商，何必施以暗箭手段，段之於馮傷感情始於此。奉軍驟然入關，所截留者又為馮之定械，此又為馮之傷心事也。馮段之間失和，樹錚不能辭其咎。

九

安福俱樂部者，由王揖唐秉承徐樹錚之意辦理選舉而來。初王在安福胡同賃一巨宅，作為招待議員，以及競選中各方面有關人物接洽之處，有時利用為皖系人員以及議員娛樂之地與宴客聯歡之所。初名之曰梁公館，當時含有祕密之意。據云，當日因光雲錦一言，謂取名某某黨不妥，因政黨二字甚為世人所厭惡，現吾輩所聚合之地為安福胡同，何不以安福俱樂部名之，既脫俗又別致，且安福二字含有吉祥之意。眾皆稱善，遂以命名。當時我未在場，乃聞所聞也，至於謠傳取義安邦福國，甚至謂取「安徽」、「福建」之首字合併而成，則去事實更遠矣。

至安福系之稱，乃因安福俱樂部以著，蓋皖系同僚以及皖系議員人事上接洽，皆以俱樂部為中心也。故選舉告終，國會成立，人亦以安福國會稱之。選舉中，王揖唐因尅扣議員津貼，被議員鄭萬瞻告發，議員群集於南池子我私人住宅之一屋中，我告其有事大家可到俱樂部商談。徐樹錚聞之，急將發津貼以及競選事交之於我。其實王揖唐此時已南下亦不能兼顧矣。樹錚將每月議員津貼交與陸軍部一等科員曾克敬分送。克敬為我之族侄，我只負責監督耳。

競選事則較繁。我每晚飯後，微睡片刻，驅車到安福胡同，約十時左右，俱樂部已車馬盈門，高朋滿座矣。人事間糾紛，政局上問題，政治上勾心鬥角，紛至沓來，應接不暇。俱樂部另一角落，有則議論風生，有則交頭接耳，或則燈迷酒醉，或則挾妓高歌。至於開會討論問題，間或有之。此則俱樂部活動情況，每午夜始散，習以為常。蓋議員津貼，每人每月三百元。全部議員共八百多人，故稱為八百羅漢。屬於皖系者約三百多人，每人之三百元津貼，係徐樹錚在陸軍部截曠[1]項下撥交曾克敬負責分送，從此議員即無異言。至於各省區之選舉，即委託各省督軍或省長或財政廳長代辦。安福俱樂部本身既為皖系娛樂之所，故會計事務之組織則有之，因需管理俱樂部中出納及事務上問題也。在俱樂部中，負重要責任者，初屬王揖唐與徐樹錚，王南下則屬我與徐矣。議員中為皖系之骨幹者有光雲錦、烏澤聲、康士澤、克希克圖，時人簡稱為光烏康克。評議會及幹事部等組織龐大而周密，則不符合於當時事實矣。

1 截曠一詞乃陸軍部截留部隊空額兵餉之謂。當時各部隊「吃空額」之風甚盛，徐樹錚乃派員至部隊點名，按實有人數發餉，多餘之款即由部截留，是為截曠。此項截曠之款，每月為數甚巨，徐樹錚每月約撥三十萬元作為議員津貼，如不敷尚可再撥。

十

一九一七年帝俄發生革命，歐洲戰場上起了極大的變化。那時北京政府就有人認為參戰失策，馮國璋此時也有點心驚膽戰，乃設：立參戰督辦處使段負責。因為段一向主張參戰，令段負責，既可卸過又可卸責。段曾經對我談起他向馮表示：「俄國雖然撤兵回家革命，而參加協約國的已經有十九個國家，德勢已孤，寡不敵眾，結果必敗。我決不推卸責任，總統不要怕，參戰督辦令一下，我絕不推讓，立刻走馬上任。」當時馮段之間意見紛歧，可見一斑。

十一

清末，我在郵傳部任職，同鄉老友丘于寄是老國民黨，忽然從南方來北京訪我。我問他：「你不遠千里而來，是想謀事嗎？」他說：「我倒不想託汝謀事，這次是林森叫我來和你商量。他手下有兩三位同志生活成問題，希望你在電報局給安置工作。」我說可以，便將三數人安置在江西省九江電報分局裡工作。這可能對林森有幫助，不但解決了他們同志的生活問題，另一方面也掩護了他們的工作。當時林森極感滿意，所以孫段合作初步，我便找了林森。後林森北來，我帶他見段。七七事變後，我到了重慶，林森約我便飯時，還提到這一往事，彼此啞然一笑。

十二

徐樹錚槍斃陸建章後，他的副官長李某從天津打來長途電話，向我報告這個消息。我向段報告。段聽到這個消息後，驚訝萬狀，瞪目半響，才說出話來：「又錚闖的禍太大了！現在這樣罷！你先到總統面前，探聽他的口氣如何。你就作為我還不知道。」我便到了總統府，馮見我來，不等我開口，就先問我：「你是為了又錚的事情來的嗎？」我說：「是。我來請示總統，這事怎麼辦？」馮說：「又錚在芝泉左右，一向是為所欲為，今天這事未免太荒唐了。所好是責任內閣，你回去告訴芝泉，他怎麼辦，我就怎麼用印好了。」

十三

張勳擁清帝復辟之前，段祺瑞已有所聞，曾派徐樹錚到蚌埠徵詢倪嗣沖意見，倪復電表示決不參加。復辟後段又派傅良佐訪第八師師長李按泰徵詢意見，李表示唯命是從。段意乃決。

當東路軍由豐台進逼北京時，航空學校飛機兩架飛臨辮子軍陣地投彈，繼又在紫禁城投彈兩枚，一落東華門傷市民及馬匹，一落御花園荷花池中未炸。以空軍配合作戰，為北洋內戰中創舉也。

七月八日，段派汪大燮、劉崇傑通過外交使節轉致張勳，提出停戰條件四項：（一）取消帝制；（二）解除辮子軍武裝；（三）保全張勳生命；（四）維持清室優待條件。張勳要求所部軍隊安全退出北京，重回徐州老巢。談判破裂，戰火重開。外交團規定討逆軍攻城以十二日上午四時至晚十二時為限，大炮只許實彈射擊一發，其餘只許以空炮威嚇。七月十二日拂曉，討逆軍三路會攻，天壇辮子兵先降，餘皆陸續繳械。

當討逆軍發動後，山東張懷芝尚抱觀望態度，討張勳電擬而不發，對我說：「芝泉真奇怪，何妨觀望一下。」我答：「大家都若觀望，國事將不可為矣。」正談話間，張弟懷斌倉皇來告：「現辮子軍節節失敗，各省討逆通電已先後發出，汝尚何待？」此時張懷芝始將案上電稿交與部下，連曰：「速發，速發！」故各省督軍回應討逆通電，張懷芝為最後之一人。我之留濟不敢動者，亦以張當時態度有問題也。

七月十四日，段返京再任總理，親至日本使館謁黎，請其復職。黎以此次明令張勳率兵入衛，釀成巨變，應負全責，愧對國人，決心下野。黎通電語極痛切，係出於饒漢祥之手。此君長於駢體。通電之末，我尤記其有警句云：「豈有辭條之葉再返林柯，墜溷之花重登衽席。心肝俱在，面目何施！」措辭甚沉痛，事實亦確如此。

七月十八日，段電促馮國璋北上就職，而馮遲至八月三日始抵京。馮遲遲其來，外間揣測頗多。實則馮因與蘇紳張謇等勾結英商，假製藥為名，將存滬之大批煙土一千六百餘箱，以民國元年公債票一萬萬元購出。用以製藥者少數耳，餘則官商夥同謀利。其中奧秘，我未參與，不得其詳。民元公債票係由財政部發給，彼時財政總長為曹汝霖，次長為吳鼎昌，實預其謀。曹汝霖此時忽徵求我與徐樹錚入股，我與樹錚即據實告知段祺瑞。蓋曹汝霖不敢直陳於段，出此詭計誘我也。段聞言微笑，遲約半晌，曰：「我與馮舊交，此君有錢癖，固所深知。但以今日環境論，我決不能反對，因小失大，致傷感情。且係蘇省官紳合辦，彼既事前未徵求我意見，我只好裝作聾聵。你兩人萬不可沾染，但須力任疏通，而不受酬。將來我晤馮時一字不提，汝等可示意由其獨斷獨行。」段又說：「蘇督暫不易人，易人則更多掣肘也。」此即馮國璋遲遲來京就職之真因，亦段委曲求全之至意也。

（政協河北省委員會暨天津市文史資料研究委員會供稿）

（原刊於《文史資料選輯》第四十一輯　北京：中華書局出版

一九六三年，第二十一——三二頁。）

憶語隨筆 *二

* 作者曾以同樣題目在《文史資料選輯》第四十一輯中發表過一篇內容不同的文章。——責編

緒言

曾毓雋（一八六五—一九六三），福建閩侯人，字雲霈。舉人出身，段祺瑞任江北提督時，入幕，受段信用。一九一六年任京漢鐵路總辦。一九一七年七月參加段祺瑞討伐張勳復辟之役，任討逆軍總司令部軍需處長。一九一九年十二月任靳雲鵬內閣交通總長。一九二〇年直皖戰爭中，皖系失敗，被列為「十大禍首」之一，逃往日本駐華使館避難，後長期居住天津日租界。一九三八年拒絕參加偽南京維新政府，逃亡香港。曾氏諳知北洋政府中許多鮮為人知的內情，遂以「憶語隨筆」的形式記述下來。可供研究這段歷史的人參考。

一

民國二年十二月二十日，袁世凱令召黎元洪來京，以段祺瑞署湖北都督。內幕和經過，憶述如下：

民國元年三月十日，袁就臨時大總統，事先派二十人籌備，我名列第十四。倪嗣沖對我說：「你替袁世凱籌備臨時大總統不算完事。」我問他：「要做到什麼程度為止？」他低聲、嚴肅地說：「要做到老袁登帝位為止。」我當時大吃一驚，將這個消息祕密報告段祺瑞，段立時變色，對我說：「我們首先通電請清帝遜位，主張共和，而今天我幫助他，他來稱帝，我成了什麼人？將來果然有這事，我決定反對到底。」到了民國二年，袁世凱對南方以武力結束了二次革命，召集兩院正式選袁為大總統。五銀行團大借款成功，又成立了軍官教練團，自任團長，給帝制奠下基礎。對黎元洪在湖北不甚放心，經過王占元從中拉攏，迎黎北上，袁目的是免得黎為南方所利用。黎在湖北受部下挾制，本人也急於離開湖北。民國二年十二月中旬，得袁乃寬電話，叫我到軍需處有事面談，告訴我悅：「袁派段到湖北去和黎元洪商量整理鄂軍，本處已備好三百萬元，你今天就可以領走。」我答為數太多，等我報段總長後再辦。袁乃寬說：「海軍劉冠雄已照數領了，陸軍不能例外。」我答小印在段手中，未蓋小印，陸軍部不能蓋印。袁乃寬說：「那你趕快回去辦手續吧！」我即將此情報段。段笑著對我談：「你前些日和我所談，我曾問過袁，袁指天發誓，否認帝制，馮國璋也曾以此事詢問過袁，袁也是以否認的態度答覆了馮國璋。現在他迎黎北上，用意所在，我已明白。現在又以金錢誘我，我南下迎黎，正是脫身的機會，你明天領款三十萬元就夠了，不要多領。」我次日領得三十萬元，不久隨段到了湖北。下車後，見王占元已在車站迎候，陪段過江見黎。在副總統府休息兩天後，黎召集金永炎等商量整理軍隊。很快地整軍事宜初步就緒，段宣佈北歸。黎作為過江送行，到車站上車後，段反下車，黎留在車上，就開車北上。那時黎元洪不是這樣做，怕不容易脫身。這段祕密計畫，王占元佈置在先，內部只有金永炎一人知道。金永炎同段祺瑞返署，段即發電告袁，袁就發表段署湖北都督。段在臨走時領的三十萬元，撥十萬元添購兵工廠新機器，加強了漢陽兵工廠的設備。段按照黎在湖北的計畫，由金永炎整編，整編用費，黎元洪早已指撥待用，所以一切都很順利。兩個月後，袁世凱以段芝貴接任湖北都督，以段為陸軍總長兼領河南都督，因為河南白朗[1]猖獗，張鎮芳「圍剿」不甚得利。段將白朗擊敗後，四月三日，袁召段回京，段過正定下車，約王士珍同入京，段決意告退，先找一個接替人，做退身的準備。到了五月，陸海軍統率辦事處成立，

1 白朗（一八七三—一九一四）。近代河南寶豐人。字明心。為反對袁世凱軍閥統治，一九一二年結合豫西一帶小股武裝舉行起義。一九一四年，犧牲於石莊。

政事堂、參政院相繼出現，籌安會醞釀活動，袁不加禁止，段知帝制的局面，是無可挽回。在五月三十一日第二次請病假，給假兩月，由王士珍署陸軍總長。段閉門謝客，以消極態度反對帝制。

二

張作霖就大元帥後，潘復到處活動，要想和張作霖見面，屢次都被拒絕。有一天，夏仁虎來找我，他說受潘之託，要請我向張作霖疏通。我對夏仁虎說：「東北系門戶之見比較分明，外系人物不易插足，潘馨航（潘復號）既是這樣的熱衷，咱們都是為了朋友之託，日內我見到張作霖，有機會替他說說，不見得有把握。」過了幾天，到元帥府，見到張作霖，我對張作霖說：「潘復來見你好幾次，都沒見著，用不用他在你，何妨見他一面。」張作霖當時就答應說：「好罷，讓他來見！」我次日回復了夏仁虎。潘和張作霖見面怎麼談，我不知道，過了不久，張作霖就發表潘復組閣，我覺得真奇怪，潘如何說法，打動了張作霖。有一天，我又見到張作霖。我問潘復有什麼法寶，你這樣重用他？張作霖說：「他對我表示組閣一切聽從我的調動，那就好辦了，我所以叫他來幫忙。」張作霖生平個性豪爽，用人處事有他獨到之處。

三

民國五年四月二十二日，徐世昌辭國務卿，以段祺瑞繼任[1]，兼陸軍總長。時袁世凱病已重，自知帝制無望，五月八日，令改政事堂為國務院。六月六日袁世凱死，七日，黎元洪繼任大總統，十三日令徐樹錚為國務院秘書長。在此令未發表之前，段祺瑞原令我為國務院秘書長，委任狀已經送到我家。徐樹錚託我叔父曾宗鑒來和我商量，他的理由是局勢複雜，國務院總理是武人，秘書長若是文人，一定是鎮壓不住，要求我將已發表的秘書長讓給他。我當時對我叔父曾宗鑒說：「段總理既發表我為秘書長，我無故地辭職，對段總理，對我個人都不合適。徐樹錚一定要我這個位置，由我上一個呈文，保徐樹錚做秘書長，同意不同意自決於段總理，徐樹錚那面應自己設法向段疏通。」我叔父曾宗鑒即將我意轉達徐樹錚。等到我保他的呈文上去，段立刻批准了，這也就證明徐樹錚在事前對於謀取秘書長一席，做了

1 據《辛亥以後十七年職官表》載，民國四年十二月二十一日徐世昌免國務卿職，陸徵祥繼任。民國五年五月八日，政事堂改國務院。六月二十九日，段祺瑞任國務總理。

不少的工作。吳光新得到改任徐樹錚為秘書長消息後，來和我大鬧，說：「你何必這樣的怕得罪人。」我對吳光新說：「你和我鬧沒有用，徐樹錚對於這個位置勢在必爭，我若一定不放，以後他和我之間接觸事較多，事事掣肘，我就當上秘書長，事情也不好辦，問題在於段總理不堅持原來計畫，對於我的呈文，不考慮就批准了，這能怪我嗎？」吳說：「這樣一來，國務院從此多事，你若不信，拭目以待。」果然，不久徐樹錚和黎元洪左右金永炎、黎澍、哈漢章、丁世澤等，彼此因小事屢次衝突，形成府院之爭。

四

徐世昌拉攏徐樹錚，利用他組織國會，選他做總統，經常約徐樹錚在中南海內晚晴簃吟詩論文，認徐樹錚為文武全才，所以當時有大徐、小徐的稱號。徐世昌把徐樹錚捧上了天，徐樹錚對徐世昌感激得五體投地，盡一切能力，為他佈置競選。在北京安福胡同，租有一所大宅，作為議員俱樂部，安福系的名稱，由此而來。當選總統後，徐假惺惺地一再退讓，各省督軍捧場，議員們竭誠擁戴，議會電催就職，徐世昌以為天與人歸，才就了總統職。照定例正總統就職後，就應當開會選副總統，徐世昌怕段祺瑞當選副總統，對他政治上施展多有不便。副總統選舉會，徐暗中主使，屢次因不足法定人數而流產。在徐世昌就職後，段祺瑞就上呈文辭國務總理職，徐世昌外表假意派人挽留，而外面錢能訓組閣呼聲已遍達於北京城。段祺瑞自有所聞，再上辭呈，果然照准，錢能訓內閣即日成立。在錢內閣中，徐世昌僅僅安置了靳雲鵬為陸軍總長，我為交通總長，[1]以此表示對段派的拉攏。段辭了國務總理之

[1] 靳雲鵬任陸軍部總長、曾毓雋任交通部總長之時，據《辛亥以後十七年職官年表》記載，是一九一九年。

後，專任參戰事務督辦。倪嗣沖有一天對我和吳光新說：「你們還記得，六卦先生的外號嗎？渾天黑地的日子就在眼前了。」（八卦少了乾坤二卦，所以稱為六卦，乾為天，坤為地，故為諷刺渾天黑地之意。這個諷刺徐世昌的外號，北洋派人在前清時代就有大部分人知道，徐的手腕高明，早為他們所共知。）徐世昌初上臺，就暗中使用各種手段，使段祺瑞不能不自動辭去國務總理，段內心當然不痛快。到了歐戰結束，參戰軍改為邊防軍，徐樹錚與靳雲鵬開始鬧意見。為了爭奪邊防軍的指揮權，靳雲鵬勾結直系謀士張志潭，在徐世昌左右攻擊徐樹錚。徐世昌利用靳雲鵬代理內閣，靳雲鵬聯合奉天的張作霖、直隸的曹錕、河南的吳佩孚合謀倒徐樹錚。吳佩孚藉口做南北議和調停，得南方五十萬毫洋的開拔費，吳佩孚便自由行動，以清段側為名，目的是打倒徐樹錚。此時徐世昌已成為他們利用的工具。徐世昌通過傅良佐勸阻段祺瑞，理由是定國軍總司令係各軍擁戴和段本人無干，段祺瑞肯通電下野，徐世昌保證本人安全和部下人的安全。民國九年七月二十八日，段祺瑞下野通電發出。跟著十禍首通緝令也隨著發表。這也是徐世昌使段祺瑞很難堪的一件事。到民國十年，段祺瑞退居天津。不久姜桂題死，段祺瑞赴吊喪。我和段在坐一輛汽車去姜宅的途中，段對我長歎一聲，感慨地說：「姜桂題死我應當去揮淚哭老友，徐菊人（徐世昌號菊人）萬一有這麼一天，我恐怕沒有眼淚哭他。」段素常甚少說過這樣露骨的話，足見段祺瑞對徐世昌上臺後給自己一系列的難堪是十分的痛心疾首的。

五

段祺瑞身邊軍人中有兩個最得寵：一為靳雲鵬，一為徐樹錚。這兩人以後因為爭權奪利，在段祺瑞面前互相爭寵，造成勢不兩立之勢，導致了直皖戰爭。靳幫助直奉打倒徐樹錚，而背叛了段祺瑞，主要之前因後果，憶述如下：

靳雲鵬是士兵出身，由段祺瑞在前清考選送入隨營學堂。文化雖然不高，但好學而聰明。畢業後，粗通文字。辛亥以前，由段祺瑞保薦給李經羲在雲南充任總參議。光復後，靳任陸軍第五師師長，駐山東。民國二年，以靳雲鵬代理山東都督，因得段的賞識，幾年間，靳即扶搖直上，民國六年十二月十八日，督辦參戰事務處成立，靳以陸軍總長[1]兼參戰軍訓練處督練，成立了三師，第一師師長曲同豐，第二師師長馬良，第三師師長陳文運。

徐樹錚是前清秀才，光緒二十七年（一九〇一年）徐樹錚上書北洋大臣直隸總督袁

1 《辛亥以後十七年職官年表》記載靳雲鵬任陸軍部總長是民國八年（一九一九年）到民國十年（一九二一年）間的事。

世凱，由袁世凱發交段祺瑞面試錄用。段在陸軍炮隊統帶任內，以徐樹錚為書記，這是段祺瑞和徐樹錚遇合之始。三年後，徐樹錚投筆從戎，留學日本陸軍士官學校，到宣統二年（一九一〇），徐樹錚歸國，被派為江北軍事廳科長。辛亥革命，三月間，段任陸軍總長，令徐樹錚為軍馬司司長，兼管總務廳事。不數年之間，也是扶搖直上，先為國務院秘書長，後而陸軍次長，繼而西北籌邊使、西北邊防總司令等等。在這七、八年中，徐樹錚在段祺瑞的左右，當然是炙手可熱，紅極一時。論文學才華，在靳之上，徐樹錚以秀才出身，文武兼長，在當時段的心目中，徐樹錚和靳雲鵬之間，段未嘗沒有偏徐而抑靳的趨向。因為兩人都是受段一手提攜，在靳雲鵬，總以為本人身為士卒，受段祺瑞早年的特達之知，早在徐樹錚之前，視徐樹錚是後生晚輩。而徐樹錚以文采自豪，認為靳雲鵬出身行伍，目不識丁，不足重視。所以靳、徐二人，在民國初年之間，為了在段祺瑞左右爭寵，彼此不和，但在權利上的矛盾還不十分明顯。

到了民國八年，歐戰結束，督辦參戰事務處裁撤，改為督辦邊防事務處。從這時期起，靳雲鵬和徐樹錚之間的矛盾開始尖銳化。

事情是這樣的，徐樹錚自以為擁戴徐世昌為大總統他是首功，借此可以利用參戰軍改為邊防軍的機會，謀充西北籌邊使，無形中掌握了邊防軍的指揮權，還有他本來所有的兩旅，再擴充六旅，共成為八旅。等到他勸誘外蒙取銷獨立後，又得了冊封使名義。外蒙取消獨立不能不算是徐樹錚的成功。而徐樹錚得意忘形，借辭以蒙古需要馬隊，又將新改邊防軍陳文運馬隊旅，調到西北；緒其祥的步兵混成旅原來駐在張家口，同時也調到西北。段祺瑞雖然一向是參戰軍督辦，但督練編制都由靳雲鵬指揮。靳雲鵬見徐樹錚這樣咄咄逼人，從此靳、徐勢不兩立。靳雲鵬開始勾結張志潭。張志潭為直系的謀士，素有智囊的稱號。靳先利用張志潭在徐世昌左右攻擊徐樹錚，徐世昌亦認為徐樹錚跋扈，深為北洋同人側目，就利用靳雲鵬抑制徐樹錚，借此又可分化皖系內部。徐世昌利用靳雲鵬代理錢能訓的內閣，靳雲鵬與張志潭便大得其所。靳雲鵬聯合奉天張作霖、直隸曹錕、河南吳佩孚，共謀倒徐樹錚。秦皇島劫械之後，奉軍入關成立司令部，徐樹錚任奉軍副司令，徐樹錚未得張作霖的同意，以副司令名義，在天津誘殺陸建章。此事發生後，當然張作霖極不以為然，徐樹錚挪用軍費等等問題，也引起張對徐的不滿。張作霖撤銷關內奉軍司令部，二人又以分配軍隊問題發生矛盾，段批示以四旅歸張作霖，二旅歸徐樹錚，段祺瑞的用意是劃歸張作霖的四旅，盡是關外官兵，徐樹錚的二旅盡是關內官兵，如此劃分，易於督練。而徐樹錚意在六旅平分，每人三旅。但是段的主張，徐樹錚不便違抗，所以內心極為不平，對張作霖更為仇恨。靳雲鵬趁張、徐失和，告訴張作霖，徐樹錚在西北發展勢力，意在由西蒙直搗東蒙，奪取奉軍後路的吉、黑兩省。張作霖與徐樹錚之間，舊怨既深，靳以此挑撥張作霖，張當然不能無動於衷。當時有人建議，以改邊防軍為京師警備隊，歸陸軍部管轄，仍由靳雲鵬率領，徐樹錚率兩旅南下援湘，作為暫時緩和之計。但此種辦法又為曹錕、吳佩孚所反對。靳雲鵬內閣總理請假十日，以海軍總長薩鎮冰代理，解去徐樹錚兵權，調為遠威將軍。[2]靳請假用薩代理，在靳以為解除徐樹錚兵權，命令不是由靳經手，用此以敷衍段祺瑞。段祺瑞在當時極為不平，曾對我說：「徐樹錚並未見任何發端或舉動，而吳佩孚自由行動，政府不加懲戒，如是還有黑白之分嗎？」這個話當時傳到徐世昌耳裡，徐也下令解除吳佩孚兵權，但吳已不聽命。

此時傅良佐來和我商談，他說戰則兩敗俱傷，張作霖對段私人感情還是不壞，若是由段開口，示意張作霖入關作武裝調停，或者能挽救危局。我星夜和傅良佐乘汽車到團河等到天明，見到段祺瑞告以來意。段以為然，即刻親筆寫信，用邊防處名義，請張入關共商軍事，也就表示了請張武裝調停之意。當時奉軍已在灤河一帶，我立刻乘專車向奉天出發，車到秦皇島，段用急電，沿途截令我回京。車到京站，傅良佐已在車站相候，告訴我：「徐樹錚反對奉天張作霖主張必須以徐樹錚和吳佩孚兩人同時罷免作為調停的原則。」一日之中，徐樹錚率段芝貴、曲同豐、劉詢等人見段祺瑞，自願率兵與吳佩孚一戰，推舉段為定國軍總司令。原來徐樹錚對段芝貴、曲同豐、劉詢三人說，戰勝之後，以直魯豫三省相許，給這三個人。徐樹錚一時意氣用事，段則剛愎自用，一味為徐樹錚不平而戰。

參戰軍多屬靳的舊部，暗中早為靳所收買，按兵不動。曲同豐部竟有倒戈的。劉詢部下旅長張某、齊某，營長李某皆曹錕舊部，指揮不靈，加以天上降雨，滿地泥濘，作戰困難，

2 《辛亥以後十七年職官年表》記載：靳雲鵬被免國務總理、徐樹錚被任為遠威將軍皆是一九二〇年七月間的事。

段芝貴取得火車一列，在車上吸煙、打牌，兩頭掛二火車頭，勝就前進，敗就後退。

徐樹錚共有八旅軍隊，六旅駐洛陽，二旅駐天津。在戰事未發生以前，徐部下某祕密告我說，徐樹錚六旅隊伍駐洛陽，而槍炮子彈放在張家口。我就問，徐為什麼這樣辦？他回答說：徐樹錚欠餉怕兵變，所以把人、械分開。向我告密的某君，一再託我不要向徐樹錚透露是他報密，否則他有性命之憂。我將此事報告了段祺瑞，段說你速去告徐樹錚叫他想辦法補救。即時我直接和徐樹錚談，徐厲言正色問我這個消息從何而來，我說你不必追究，若果有此事，應從速補救，否則太危險了。徐樹錚還十分忿怒，譴責外人在段前洩露他的冒險行為。不料吳佩孚也得有情報，便長驅直入到保定，和奉直祕密會議，先下手解決了洛陽徐樹錚六旅無槍彈的軍隊。所以直皖戰爭爆發，徐樹錚只有天津兩旅可用。徐在天津雖戰勝曹瑛，但中路、西路一敗塗地。此時徐世昌利用傅良佐向段棋瑞勸說，定國軍總司令為各軍所擁戴，與本人無干，段肯通電下野，徐保證段的安全和段系人員概不追乍究等語。最後段還是上了徐世昌一個大當。一九二〇年七月二十八日段通電發出，隨後十人禍首通緝令也下來了。我等在七月二十五、二十六日，即避入東交民巷日本兵營。傅良佐自以為徐世昌能為祖護，到通緝令下，果然傅良佐不在內。不料傅良佐早為直軍捕拿，行賄二十萬元，還不釋放。過一年多，傅良佐患精神病，取保就醫，返家不及兩月死去。總而言之，皖系內部分裂，是由靳雲鵬與徐樹錚二人互相爭權奪利而起。繼之直魯奉聯合打倒徐樹錚，靳雲鵬不但脫離了段系，還通過張志潭關係勾結直魯，和徐世昌同謀直接倒徐，間接倒段。所以當時以段倒段之說，就是指著靳雲鵬而言。靳雲鵬對段一向外表還保持著師生關係，其實早已貌合神離，站在徐世昌方面一起暗中倒段。

到了民國二十五年，段在滬病逝，靈柩運回北京安葬，靳雲鵬到浦口迎靈。在專車上，大家鄙視靳過去背叛了段祺瑞，全車同人沒有和他周旋，甚至臥鋪也沒為他安排。靳自己也感到無趣，臨時下車，另行換車，買票返京。

六

民國九年（一九二〇）七月初旬，在我去奉天的途中，車到秦皇島車站，接到段祺瑞急電，令我不必和張作霖接洽入關武裝調停。返京車到站，傅良佐在站相候，告形勢非打一戰不可。我感覺到個人能力有限，難於挽回，同時也耳聞到曲同豐、劉詢等內部的不穩，曾經派人和曲同豐、劉詢等商量，他們倆異口同聲，說沒有問題。據說當時皖軍分中路、西路、東路三路出兵，作戰佈置徐樹錚是接受日本軍事顧問阪西的計畫。我對皖系自己內部早抱隱憂，戰事極不樂觀。在將要開火的前幾天，我在東交民巷正金銀行樓上借得一間房，每天早出晚歸，作為暫時隱身之地。到戰事失敗，一九二〇年（民國九年）七月二十八日，段通電下野發出，同日總統府就下令通緝：徐樹錚、曾毓雋、段芝貴、丁士源、朱深、王郅隆、梁鴻志、姚震、李思浩、姚國楨等十人，稱為安福系十禍首。當日軍警、便衣滿布各城門、各要道，以及東交民巷外各口。並在東交民巷各口、各城門、車站懸掛十人單身相片。在相片之旁，規定三萬、二萬、一萬、三千每人其價不等的拿獲賞格，形勢森嚴。十禍首通緝令還沒下來之前，國務院秘書長郭則澐，就暗中打電話通知我說：「你榜上有名，快作準備。」

我立時就跑到正金銀行躲起來。這時徐樹錚等也得著消息，經過日本人阪西等奔走，向日本公使館要求政治避難。徐樹錚、段芝貴等，先後到了東交民巷日本公使館護衛隊兵營（以下簡稱日本兵營）。他們來後，就以電話通知我，把我由正金銀行也接到了日本兵營。而梁鴻志、王郅隆二人來得比較晚，原因是郭則澐暗中通知我時，並沒有提到有梁鴻志的名，所以梁鴻志精神上始終沒有做準備。在通緝令未發表之前數小時，由黃秋岳祕密通知梁鴻志，梁才匆匆地也逃入日本兵營。梁鴻志為了幾乎落網，對郭則澐非常不滿，怪他既是同鄉，又是好友，為什麼事先不同時通知。但事後據郭則澐對人表示說：我託人打電話通知曾雲沛時（雲沛，我的號）通緝名單上並沒有梁眾異（梁鴻志號）的名字。他的名字，據說是徐總統臨時親筆加上去的。我當時並不在場，所以沒有提到他的名字，以後梁、郭之間始終為此失了感情。王郅隆自以為安福系通緝令不至有他，所以也沒有作逃亡的準備。臨時得著消息，此時東交民巷外各口已有軍警把守，不能隨便出入，不得已，先躲避在日本人開設的常盤旅館中。該旅館不是在使館區內，久居還是不安全，三數日後，在日本大昌洋行經理某日本人的掩護下，送到日本兵營，他住在另一個大樓裡。

我們到了日本兵營之後，生活情況和每個人以後先後脫離日本兵營的過程、方式各有不同，是比較曲折而驚險的。我是單身冒到的日本兵營，其他人大部分都攜帶有家眷。我和段芝貴都帶著廚子，仍然過著比較舒適的生活，一切都和外邊一樣，僅僅是不能自由出入而已，所以彼此都不感到寂寞。到了日本兵營不久，因為人多住處擁擠，我和段芝貴每人付出三千元，在臨近空地上蓋了兩樓兩底小樓一座，段芝貴住樓上，我住樓下。梁鴻志、姚震兄弟二人也住在此樓，伙食附屬於我。段芝貴對於閩菜風味獨感興趣，日久家屬親友，通過一定的手續，可以隨便相見。我的女兒，經常是經過廚師早晨帶入兵營，盤桓一天，到晚飯後再送她回家。在這些日子裡，反給我不少的讀書、寫字的機會。在這種環境下，大家是不是一點都不感到痛苦呢？不，物質生活還是舒適的，但精神上、政治上仍然是不甘寂寞。三個月後，打算離開日本兵營的第一個人是徐樹錚。他是禍首中的第一名，拿獲到案，懸賞洋三萬元，當局對他的仇視，可見一斑。所以徐樹錚出走計畫，當然稍費周章。一九二〇年十月間，天津日本駐屯軍司令部軍需部門有一個尉官小野寺，素與王郅隆相識，據說小野寺表示，極佩服徐樹錚才幹和學問，他自願對徐樹錚離開兵營以全力相助。由王郅隆的長子王錦航介紹到北京日本兵營和王郅隆晤談後，由王介紹給徐樹錚。在徐樹錚和小野寺開始計畫出走時，他和我商量過幾次，我也參加過意見。徐樹錚問我，你看這樣辦穩當嗎？我答覆說：這種事多少總要帶些冒險性。徐說我們避居兵營裡，亦非久計。過分的冒險，固然是不可，但為了國家事，一點不肯冒險是不可能的，我決定拼他一下。一九二〇年十一月十五日，由日本人小野寺買大號柳條行李箱一隻，將徐樹錚裝入箱內，由小野寺自兵營運送到車站，當作隨身行李，當時的政府，對外國人來往車站行李，是無權檢查的，而小野寺又是利用日本兵換防的機會，夜間就離開東交民巷使館區，出了前門，進入車站，上火車將大柳條箱放入小野寺包房裡，當時政府誰敢檢查日軍的包房。徐樹錚伏藏大柳條箱內，一路順暢無阻，直達天津，次日搭日本輪船到上海。以後小野寺為了此事事先未得上級的同意，故調他回國，受革職處分。一九二〇年十一月十六日，日本使館將徐樹錚逃亡事實，以照會通知中國政府，作為掩耳盜鈴的官面文章。

徐樹錚臨走之前，他和我談到經濟問題，我便答應他，由我私人項下撥贈十萬元作為逃出後政治活動費。等到他安然無恙到達上海的消息傳到後，有一天，為我管賬的族弟曾仙舟來日本兵營看我，並接洽家裡財務事，我吩咐他，為徐樹錚撥匯十萬元寄到上海。族弟曾仙舟十分地不贊成，他理由是搞政治，哪有經常自己掏腰包。你現在逃亡在兵營裡，哪天能出去還不可知，留幾十萬塊錢，作為自己養老和兒孫吃飯的本錢或許不成問題。人家把你擠到外面，我們就借此引退，若是將這點錢作為政治投資，那恐怕是杯水車薪。我說：「汝不懂政治，不要戴木頭眼鏡，要把眼光放遠一些；再說朋友的要求和需要，我們也不能不管，而且政治上的成功，這十幾萬塊錢又能算得什麼。」他讓我說得也就不便再駁了。徐樹錚到了上海，在上海租界裡居住，在當時也不是沒有問題。第五師師長陳樂山駐軍上海，通過他的關係，徐樹錚暫時解決了住的問題。不久，徐樹錚聯合浙江盧永祥的一系列政治、軍事活動，可能和我的十萬元不能說沒有關係。不久段芝貴向直系方面疏通，得到直系的諒解，他先離開了日本兵營，悄悄地到天津租界。他的走，也可以說是對直系變相的投降。段芝貴臨走時對我說：「徐樹錚對直系，彼此關係十分的惡劣，我是無能為力，他們對你不見得和徐樹錚一樣，你若有意，我為你疏通，也出去吧。」我說：「傅良佐交了二十萬元，還沒解決，他們對我不會輕易放鬆，你先出去，以後從信中再接洽吧。」

這時日本兵營所餘只是我和梁鴻志、姚氏兄弟、丁士源、王郅隆幾個人。我的離開，日本兵營是經過一番準備的，大約數月之久，事先我派三弟以濟，到上海定購大敞篷「福特」汽車一輛，小型轎車一輛。臨走時，將我和梁鴻志身高尺寸量好，將大敞篷汽車改造成車後能臥藏兩人的車箱。改裝成功後，先後將這兩輛汽車運到天津。我的二弟以鼎這時已經脫離海軍，在津賦閒，他和以濟兄弟二人就開始學習汽車駕駛，考試及格，領取汽車駕駛證，預備將來在京津公路駕駛通行。二人掌握開車技術，當然也要相當時日。領到駕駛證後，兄弟二人輪流開始在京津公路上駕駛這輛敞篷汽車，來往於京津之間。這有兩種用意：第一借此兄弟二人練習提高駕駛技術；第二熟悉京津公路上的情況，因為公路沿途有守卡軍警，駕駛敞篷車帶有旅行性質，有時還帶著妓女，日久經常來往，彼此也熟識了，減少了軍警的注意。對於日本兵營方面，兄弟二人輪流開著這兩輛車來看我，將汽車直接停放在我的住樓臨近，有時他們就在此晚飯、飲酒、吸煙，到深夜才開車回去，有時在此過宿，如此者大約有兩三月之久。日本兵營衛兵，對這兩輛汽車，經常出現，出入自由，視以為常，這時已到一九二一年（民國十年）夏末初秋的季節，萬事皆備，只欠東風。到了七月二十五日這天，正是王郅隆的生日，他的長子王錦航由天津帶著家眷來到日本兵營，藉著祝壽為名，還約三名演員楊小樓等清唱。當天晚上八時左右，原班大隊人馬和演員們就出了日本兵營，王錦航由天津來時帶來定製大木箱一個，臨時將王郅隆裝臥箱內，隨著家眷行李到達天津。在此前一日，即七月二十四日的下午，三弟來送信說，最近兩天我們要開始行動，叫我和梁鴻志做好精神上的準備。過了一天（陰曆七月二十五日），他們兄弟二人來說：「今天趁著王家壽日，來往人多，我們也開始行動，敞篷汽車已停放在樓房的後面。」他們二人當晚就留在兵營裡，計畫和佈置了一切，飲酒、吸煙，等到夜深人靜，我們的緊張工作就開始了。原來樓的後院，以及樓的周圍臨近，每夜有日本衛兵二人來往巡邏。要走到後院上車，必須經過樓下一個後門，此門每夜加鎖。到半夜時，三弟以濟先將門鎖扭開，我們等到巡邏衛兵走到遠處，在黑暗中，由三弟打開後車箱，我便鑽入。三弟迅速地回去將梁鴻志又接送出來，很快地也鑽入車後。三弟將後車箱蓋好後，回到樓中。我和梁鴻志彼此交叉臥伏車中。等到天色黎明，七月二十六日，大約在六時左右，三弟就開車出了兵營。二弟以鼎所開的小轎車，是預備隨在敞篷車後面，萬一中途敞篷車發生障礙，用小轎車來替用。兩輛車先後出了東交民巷，往永定門開駛，直達京津公路。三弟右側懷手槍一把，在側衣袋帶現鈔票數千元，為萬一中途遇到檢查或阻攔的賄款。所幸一路暢行無阻，上午十一時半左右，安抵天津。汽車直駛到現在的和平區赤峰道泰豐里一座大樓的汽車房內，這座樓房是梁鴻志在天津租賃的住宅。在汽車房裡，才將我二人放出。曾、梁兩家家屬，在愉快的氣氛下，互相慶幸。我在天津住了三個月後也到了上海。在我研究如何離開兵營計畫之時，王郅隆也開始計劃，本來打算和我同走，以後為了他家人嫌藏臥汽車後面，長途顛簸數小時，身體支持不了，其次顧慮到汽車在公路上不甚安全，因此放棄了和我同走，我的逃亡伴侶，就改成了梁鴻志。

局外人一定要問，日本公使館既是對這十個人以政治保護的名義進行了收容，到了幾個月以後，我們要離開日本兵營，還要想盡辦法背著日本人方面逃出日本兵營？原因是這樣的，當我們到達日本兵營以後，外交部向日本公使館交涉引渡，日本公使小幡照會說：「本公使館顧念國際上之通義，以及中國許多之事例，認為事出不得已，決定對於以上諸人，予以相當保護，收容在公使館護衛隊營內，且對以上諸人嚴重告誡，在該收容所內，不得干預一切政治，並使與外面交通完全斷絕……」等語。因此我們早感到，在日本兵營受保護是遙遙無期，限制了對外一切政治活動。徐樹錚首先就對日本公使小幡措詞和辦法極不滿意，所以他就首先逃出。其次也因為事情過了一年多，直系政局也起了變化，當局和軍警注意也比較鬆懈，逃出日本兵營到天津或上海租界地，行動當然比日本兵營自由，政治活動也就又開始了。

七

鄧君翔，江蘇人，是吳調卿先生的外甥孫。調卿先生有兩位侄子，大侄名仁甫，次侄名幼舲，君翔即幼舲的親外甥。幼舲早年由調卿推薦在北京匯豐銀行充任華帳房，君翔和幼舲既是甥舅關係，君翔也在匯豐華帳房部門任普通職員。後幼舲病故，按當時情況，幼舲的兒子可以繼任匯豐銀行華帳房，而幼舲之子不願做，就由君翔接任，漸漸地生財之道就來了。民國十五—十六年之間，北洋軍閥統治時期，因為財政上關係，他利用匯豐銀行和北洋政府財政部發生了密切的關係，鄧君翔一時成為北洋政府金融界中所倚重的人物。他和李思浩（贊侯）、梁士詒為了財政上的關係，往來較密。到民國十七年張作霖大元帥時期，鄧君翔先利用長期七厘公債和短期七厘公債做買空賣空投機生意甚得手，繼而利用九六公債和春節公債，大量投機。甚至有部分人以鄧君翔為對象，看他買，人家就賣，看他賣，人家就買。不幸鄧君翔驟然失敗，在匯豐銀行虧空達三百多萬元。有一天，李贊侯同鄧君翔匆匆地來找我，贊侯告訴我說：「鄧君翔虧空匯豐銀行三百萬元左右，眼前無法償還，現在只有逃避一途，打算讓他今天暫時避藏你家，一方面託你趕快和張作霖說，請求他保護。」我和贊侯說：「這件事不見得好辦，人家有事向東交民巷跑，而他的事恰恰相反，而且外國鬼子的款子讓你虧空了這麼一大筆，他就肯罷休麼？但朋友到了今天，不幫忙也不好。」我和鄧君翔說：「現在這樣辦，今天你暫住我家，等明天我到元帥府和張作霖談談看。」次日正好張作霖約我陪他打牌，在沒有成局以前，我就和他談了鄧君翔的事情和請求，張作霖聽完我的話後，大笑，對我說：「歷來外國人騙中國人的錢，你的朋友今天能騙外國人的錢，而且數目還不少。」伸著大拇指說：「好小子，有出息，有膽量，我一定保護他，叫他不必害怕。現在這樣辦，你叫他暫時就在你家住著，我馬上派兩個弟兄在你家站崗保護，看看外國鬼子敢怎麼樣。」我說：「那太好了，謝謝你對我朋友的支持，可是有一樣，我現在家住在南池子褋章庫，房子比較小，來往客人多，家裡隱藏一個人，不大方便，而且在我家的門口，忽然來了兩個衛兵站崗，反而招人注目。這樣辦成否，我還有一所空房子，在北城郎家胡同，房子院落較大，地點也比較偏僻，將鄧某躲藏這裡，門口來兩個崗，這樣豈不妥當。」張作霖說：「那也好。」當時吩咐副官明天起派兩個弟兄去郎家胡同曾宅負責保衛。說完我和他就入局開始打牌。到次日，我用汽車將鄧君翔送到郎家胡同我的空房裡，車到門口，見兩個衛士已經開始站崗。我告訴鄧君翔：「你現在可以安心在此暫避，慢慢地再和滙豐銀行設法疏通。」不久鄧君翔就回到蘇州去了。臨走還是由這兩個衛兵利用大元帥府南下的專車護送的。我的老傭人王祿也送他南下，歸時鄧君翔給了這兩個護送的衛兵和王祿三千元，作為酬勞費。鄧君翔雖然脫離北京到了蘇州，但是不算安全，英國方面時常向外交部要求引渡。因此，鄧君翔不敢久居蘇州，躲躲藏藏來往於蘇州、上海之間。恰好吳調卿回南掃墓，到上海住在他大侄兒仁甫家裡，在跑馬廳對過一座題名為「退省廬」的樓裡。鄧君翔為了避免人們的注意，在深夜裡，到了退省廬去見吳調卿。一進門，就跪在地下哭救。吳調卿說：「你起來吧，你這小孩子幹的事我已經知道了，我告訴你，一個人想發點財，固然可以，但冒險投機也要適可而止，貪字與貧字相似，河水滔滔，你想獨吞，有這麼大的肚子嗎？我還聽說你在北京，收了許多零星小存款，都是來自男女傭工們手裡，他們是用血汗換來的錢，委託你作公債，你失敗，不把這些款如數歸還，這種行為傷天害理。你要我向滙豐銀行說話，可以的，你先將北京方面這筆零星小存款如數還清，我再替你向滙豐設法，否則不必再來見我，我也不准你再進吳家門。」吳調卿說這段話時，聲色俱厲，說話時吳頌平也在側。據說這筆款約在十萬元左右，那時鄧君翔手裡還能勉強籌劃得出來，他立時派人攜款到北京清理了這筆債。隨後吳調卿回到北方，和北京滙豐銀行經理英人熙力爾交涉，他說：「鄧君翔案子，你們英國人不撤銷，鄧君翔永遠是一個黑人，無法謀生，對你滙豐也永無還債之日。即使讓你們拿到這個人，無非送到我國的司法機關，他仍然還是沒有錢還債，又將如何？」熙力爾說：「這個案滙豐銀行不能向外交部撤銷，如果公然撤銷這個案子，就變成我熙力爾這個人和鄧君翔共同舞弊。」吳調卿問：「那你們打算如何結束這件事？」滙豐銀行經理熙力爾表示：我們放鬆對外交部方面引渡的要求，暫時不再追究可以，豈不也等於撤銷案子一樣。」吳調卿聽到對方這樣表示，也就認為滿意，三百多萬元的虧空，此後也就不了了之。

當初我對張作霖並沒有想要他這樣照顧和支持，這使我感到意外。而張作霖個性豪爽，辦事有魄力，這是他性格的一個側面。

（原刊於《文史資料選輯》第二五輯，北京：中國文史出版社，一九九一年，第九八——一一五頁）

口述史

與曾毓雋（雲霈）縱談上下古今（上）
——袁世凱與徐世昌結拜時早存做皇帝之心

花寫影

緒言

段合肥（祺瑞）之另一親信曾雲霈氏，在清末民初間，政海浮沉數十年，見聞既廣，性復健談。當我主於其家時，伊身體漸衰，正傾其殘餘積蓄，又益之以告貸，交由聞名全國、自稱已二百餘歲之劉神仙，為其捏訣仗劍，運氣舒筋，作法術上之治療；已視例常會客為畏途。故每俟夜分客散，必邀余縱談身所經歷，可泣可歌之往事，以一快心神。在余，固所大願，而不敢請耳！

我們一遇高興，遂由軍事、政治，以涉及文學、史乘，更進而怪力亂神，無所不談，久而「非此不樂、樂此不疲」。曾氏常以不自慊其為文人，便特招乃弟（以鼎）到津，相與傾敘。以鼎方任艦隊司令，令逸清俊，不類武人，我們橫海馳原，各抒所見，劇談之下，覺昆仲待我之誠，不減雙井之於東坡也！

購得袁項城手札十餘通

一日，由萬仞千（鴻圖）之介，於某收藏家處，購得袁項城手書函札一冊，約十餘通，每通均於當時政治上有關，且均有靳雲鵬氏藏章，並由曲荔齋（最精章草）、華世奎（齊燮元外舅）及顏韻清、葉遐庵（恭綽）諸人識跋；又袁項城（世凱）少年時，為所眷商英女史，手書嵌字聯一副；及將登洪憲寶座之頃，書贈「嵩山四友」中之李經羲四字短聯一副無意中，獲此珍貴文獻，即攜歸就曾氏共賞。袁贈商英女史聯曰：

商婦飄零，一曲琵琶知己少；
英雄落拓，百年歲月感懷多。

袁贈李經羲聯曰：

唯天為大；

如日方中。

此聯只署「世凱」二字，已隱隱寓「朕」對「卿」，含「御筆」之想。我另存有黎黃陂（元洪），手書贈蔡松坡一聯：

大澤龍方蟄；
中原鹿正肥。

取以與袁贈李（經羲）聯對比：論文，黃陂語意，實高出項城倍蓰；但或為饒漢祥（黎元洪之秘書）輩捉刀。論字，則黃陂筆致，宛然學究典型；而項城以拙拗見奇，具梟雄氣概。然亦僅具三等以下梟雄氣概而已！以視魏武（曹操）所遺存之刻石題字，使張江陵（居正）覽之，驚為：「如美女謀殺親夫！又狠又媚」者。則魏武於文學，致力既深，而天資獨卓絕，項城與之比擬，固不僅小巫之見大巫。余為此論，曾氏亦頗謂然。

贈商英聯署款陳州遊俠

至贈商英聯，款署：「陳州遊俠」四字。陳州云者，袁氏籍項城，項城屬陳州府也。袁氏不欲於治遊間，以真姓字留題，可見其少年瀟洒，老更風流。

曾氏一睹此聯，即笑相告曰：「商英原屬旗籍，後來流寓津門，項城下世時，已年逾不惑，殆因駐顏有術，望之若三十許人，故尚能惑眾！袁二公子寒雲（即克文）素性不羈，又極好事，兼之擅長文學，人多以陳思目之，聞父寵豔在，特以晚輩禮往見。此女覩兒思父，先為縷述先皇帝（指項城）當年落拓狀，及縫捲情，次述綿綿長恨，不禁有銅雀歌姬，緬懷魏武分香之感，乃掩面唏噓不已。」

寒雲感懷家國，竟亦一滴同情之淚，即就商英妝臺，集唐人與明人詩句，竄改一二字，揮成一聯以贈曰：

商女竟知亡國恨；
英雄曾沐美人恩。

後之覽者，均謂寒雲此聯，嵌入商英了無痕跡，有筆參造化之妙，既光門楣，又干父蠱，陳思父子兄弟，不能專美於前！惟相見時，余未在場，寒雲學公幹平視，抑如關東諸侯，不敢仰視？惜不及知。曾氏興會所至，每能「語妙天下」，觀上述論列，可覘其概。余獨惜不及一見寒雲，叩其所謂「亡國恨」者，指滿清亡國。抑指拱憲亡國？幸余藏有寒雲寫贈樊樊山（增祥）詩箋一幅，中有：「家國興亡吾不與」句，是寒雲已具大智慧藏，可盡情施捨，或兩有所感，或兩無所指？又何勞旁人求證？

甲午之戰袁擬臨陣脫逃

至袁氏手札，有致李合肥（鴻章）者，有致李蘭蓀（鴻藻）者，有致徐東海（世昌）者，有致于式枚（晦若）及黃克強（興）者。就中如致李合肥（鴻章）函，為甲午中日之戰前數月，袁氏由朝鮮請假回國述職，過律門時，特函稟李氏，略述東事後，即請准予調離平壤。蓋深恐戰端一啟，必身受其害，有非俘即戮可能。但合肥以袁氏此種請求，為變相的臨陣脫逃；且當時一般輿論，咸咎袁駐韓日久，因應失當，致演成不可收拾之局；尤其袁氏之獲升充「駐朝鮮總理交涉通商事宜」一職，實出於李氏之稱其「胆略兼優，能持大體，為韓人所重，應優加獎擢」之一奏；而此奏之原動力，又出於李婿張幼樵（佩綸），力向乃岳之說項。故平時不滿於李氏者，多謂：中日釁端，直接由袁造成，而間接即李氏翁婿二人所長奏。李氏憤恨袁之佻巧，乃嚴令限袁，即同平壤本任。

翁常熟日記中有：「袁今來京，不得入國門」之語，按即指此。

阿附權門手腕極之靈活

袁氏急極恐極，乃設法另由袁敏孫（世勳）出面，求翁常熟為援。常熟正不慊於合肥，則自不露面，為作札轉求於李蘭蓀（常熟甲午七月日記，載有此段經過）。李蘭蓀者，即世所稱：高陽相國李文正，時值樞廷，為清流領袖，寶廷、張之洞、陳寶琛輩多附之，其聲勢傾天下，故袁因翁之介，得其一言為庇，卒以無事；即合肥亦未如之何也？袁氏手腕靈活，又善阿附，高陽尋且許為人才，而時加獎掖，於遂成為袁氏奧援中之最有力者。故袁氏致高陽（李蘭蓀）函，有：「一息尚存，大德必報。」及「結草啣環，永不忘恩。」一類之俚俗語，與致李合肥函語意，一模一樣。援此以例其餘，由吳筱軒（長慶）起，次及於張季直（謇），又次如張幼樵、李合肥、翁常熟、榮仲華、張香濤、甚至如于式枚等等，並及滿清皇室中之諸王貝勒，均為袁依附或倚靠過者，如每人「結草啣環」一次，恐袁死了又活，活到今日，還未了賬！

再看其致榮仲華及張幼樵函，則同一格式，別開生面，用大紅花箋，仿商店發票，來一個計開：「珠玉、書畫、磁器、銅器各二事」，大概標明貨真價實，能令對方看了醒目，然後掉之以文曰：「獻呈微物，略表愚忱，雖非價值連城，或可供諸棐几。」

袁令段發通電出爾反爾

曾雲霈氏，看到此等處，即大笑曰：「先領實惠，再閱虛文。豬來喫糠，狼來喫肉。直截了當，開門見山。此項城一生看家本領，吾曾親身經歷兩次，請為一述，君必樂聞。

（一）當辛亥武昌起義，項城初派馮河間（即馮國璋）領軍馳赴武漢應戰，馮在漢陽漢口一帶，頗稱得手之際，項城忽召回河間，而代以合肥（段祺瑞），並授意合肥，聯合將校四十餘名，發出：「維持君憲，反對共和」之通電！但不久，又授意合肥，欲其聯合以前通電各將校，發一與前電極端相反之「立即採取共和政體」之通電，以脅逼清廷。合肥深恐後電一發，自相矛盾，出爾反爾，等同兒戲！乃秘語余（即曾雲霈）曰：「主張採取共和政體，為中國數千年來之創舉。成功！固好；失敗！則段某不辭十族之誅！但所不解者，前電之墨瀋猶新，又催發深相抵觸之後電。茲事體大，似應請示，明白再發！」

合肥正在疑憂徬徨之際，項城忽特別電召本人回京。合肥見電喜曰：：「正想派你回京請示，及探察一切。汝到京，應特別遵從我的吩咐，除向項城請示：『後電』應否發出外，決不可浪發一言，更不准浪費一錢，切記勿忘！」

段電關係民國滿清興亡

果然，不出合肥所料，當我抵京晉謁項城時，其神態異常嚴肅，兩目炯炯有光，我意志，幾全為其懾服！嗣忽和顏悅色謂曰：「汝兼掌芝泉軍儲，目前需款若干？可語我來。」

項城語畢，兩眼向我一掃，我亟答以：「目前尚不需款！」

項城裝做未曾聽到者曰：「已由菊人（徐世昌）親信某君，籌存若干萬兩，可往取去！芝泉一切情形，我已知道，不必多說。」

我察其語意堅決而又凌厲，真不敢浪發一言，只請示：「後電可否即發？」

項城不耐曰：「不發又何待？已再電催芝泉速發，汝可專辦提款？」

我只得唯唯而退，回向合肥覆命。合肥對此數目可觀之鉅款，始終分文不取，其清介為不可及。但後電。則已領銜發出，且將余名亦附列矣！

因此電關係滿清之亡，與民國之興，在合肥且冒十族可誅之險！記得庚子拳匪之亂，江督湖南劉忠誠（坤一），發保衛東南各省一電時，初頗猶豫，繼蹶然曰：「吾決矣！頭是姓劉物！」吾謂：惟合肥亦具有此種勇氣與決心？

段表示寧死不參與帝制

（二）當項城蓄謀帝制之始，合肥微窺其隱，即召余及又錚（徐樹錚）諸人秘商曰：「項城帝制自為之迹，已漸顯露，此又其第二創舉！我當時既發『維持君憲』之電，又發『採取共和』之電，識者已譏其舉措太過輕率；如今倘又擁項城登基，總統與皇帝，以兒戲為之，國人其謂我何？且恐二十四史中，亦再找不出此等人物！所以論公，我寧死亦不參與！論私，我從此只有退休，決不多發一言。此我所以謝國人、報項城也！汝等其特別謹慎！」

後來帝制形成，合肥養病京郊，一夕，項城忽遣親信袁某，召余往謁，余不及請示合肥而去。

項城首詢合肥病狀，隨慨然曰：「松坡已離京轉滇，芝泉亦知之乎？可為我轉告芝泉，此時忍坐視我滿頭白髮，遭人摧毀與欺負耶？將來西南諸省，必借題滋事，用兵恐不能免！芝泉此時，應出頭為我負責全盤軍事！」

項城說到此處，特別提高聲調，似乎要我特加注意的樣子，始繼續言曰：「你注意！我們軍費已有著，一切可由芝泉支配，芝泉出頭！則華甫（馮國璋）方面關係，亦立可改善！」

袁認段應對他了解諒解

小停，項城神態，突變為極端憤怒，而露出其威猛本色，實為前所未見，使我感到非常驚怖，不敢仰視！祇聽其忿然而作曰：「沒有我，恐怕也沒有你們！我今年逾五十，位極元首，個人尚有何求？然不能不為此一團體打算；我們不能讓人家，打到大門口來！即有錯誤，第一個瞭解我，又能諒解我的。應該是芝泉！今乃剛剛相反！芝泉竟是第一個不瞭解我，不諒解我的。真令我不解！汝可將我的話轉告他，他有意見，儘管表示，不要受左右幾個壞蛋包圍！」但隨又怕我誤會，所謂合肥左右幾個壞蛋，連我包括在內。於是遂率直指名曰：「如徐又錚這類人，太不成話，芝泉將來，終當為其所累？」

項城用嚴而有威的口吻，一直談去，我惟有唯唯將命，伊殆已感到儘由自己說話，不許他人贊詞之不當，始勉強見詢曰：「汝謂何如？汝又有何意見？」

我答以：「尚無意見，惟當遵命轉報段公，由其親為陳答。」

項城才微露笑容曰：「最好芝泉能親自來見我。我想，還是寫幾句話給他，交你帶去更妥。」

於是，即提筆伸紙，略作凝思，草就一函，特加封固，然後交我。我受函告退，始覺一種無形威脅，暫告解除。但歸途中，冷風一襲，精神一爽，想到往見合肥，無論聽從與否，總是難關重重！因合肥蠻勁一發，有時比項城更難說話。今項城以如此重大使命相囑，大則關係國家之存亡，小亦關係袁段之離合，必再三考慮，始可向合肥進言。而良心上最難區處者，如勸段起而助袁，無異助桀為虐，間接以摧毀中華民國！不勸，而讓其長此分裂，又恐此種局勢，加深惡化下去，兩全之道，終無可能，則更危險。

最可怕佞臣最難處父子

我如此苦做衡量，然後兢兢業業，持項城此函，往謁合肥；則又錚諸人，有已先來省候者。非得間，不能啟談。迄諸人次第告退，始請合肥往起居室，將項城召往密談之一切經過，詳細敷陳。

合肥初僅傾耳諦聽，當我述到項城所稱：「此時忍坐視我滿頭白髮，遭人家摧毀與欺負」一語時，雖以合肥平日個性之堅強不撓，此際似亦感舊懷恩，泫然垂首，在作深思！我秉其感越之頃，乃將項城手函呈上。函既固封，我亦不知此中果做何語？合肥展函，反覆省覽，似在一字一字端詳；良久，始長歎一聲曰：「此時，即真想挽救，已遲矣！」隨又歎曰：「真正促松坡赴滇者，梁燕孫（梁士詒）也！天下最可怕者，莫若佞臣！最難處者，莫如父子！父子之間。猶且不宜責善，則旁人又何能置喙？佞臣輩，既從中播弄，於以釀成今日之局勢，即和平善後之已難，乃仍思用武以求力解決，更將不可收拾！糜爛至此，交我負責，我又操何神術，以旋轉此濩落乾坤？最堪痛惡者，梁燕蓀輩，既逢君之惡，旨意是承，賢路永塞；而楊晳子（楊度）輩則利用『丹朱之不肖』，以『請君入甕』。其心可誅！其肉均不足食！項城不先驅奸佞，而徒曰：『交我交我！支配支配！』發此空言，何補實際？我想，還是大家同歸於盡，受人催毀，何必顧惜？」

袁函僅數十字情真語摯

合肥雖則如此強調；但味其語氣，比初與項城鬧僵，告假養病時之決裂形態，要和緩多了。而窺其內心，似亦十之七八在替項城開脫與打算。因即秉間進言曰：「無論如何，我們必須想出辦法，及時補救，於心才安！如辦法想出，項城仍不採納，也必力爭到底。尤其目前，時機迫切，我們對項城，也要有個答覆才對！」

合肥聽罷，便將項城手函交我曰：「即針對此函，替我擬一覆稿，好去覆命；但我暫不往見！」

我一看此函，全面不過數十字，情真語摯，動魄驚心！頗有明太祖致田興恕函風格，恐要算項城平生第一件具有歷史價值之可傳文獻！倘非目擊其信手操觚以揮成之者，則必疑為非搆思累日，即倩人捉刀，始克有此奇文，以供吾人欣賞。因斟酌至再，方告定稿，又由合肥於騰正時，略加刪改，交余面呈。

臨行，合肥又一再諄囑：「此次謁見，最好少發言，或竟不發言，以藉明項城真正意向。」

項城對段似乎胸有成竹

於是，我又懷著合肥覆函，往謁項城，作第二度之密談。

項城正在大廳內會議，一見我鵠候於廳外，即傳進簽押房少坐。會散後。項城一進房內，便詢：「芝泉有何意見？能否扶病親來一談？」我初不作答，祇將覆函呈上，擬待其閱畢，俟其發問，然後隨機應對，較為適當。不意項城不即拆閱此函，似乎「胸有成竹」，已猜定覆函中所作為何語者，只輕輕將函推在一邊，用肯定式語氣詰余曰：「芝泉亦學他人，必看我失敗，始肯起而收拾殘局耶？則恐收拾此局，決不如他想像中之如此容易！」語罷，目余索答。

余屏息危坐，不知從何答起，彼此默默者久之，項城才徐徐拆函一瞥，隨命余曰：「汝且退！明日此時，可再來此。」

局勢發展至此，我深以袁、段兩公各走極端為慮。因項城個性，陰鷙猜忌，合肥個性，則執拗自信。彼此各持一端，已由最深關係，而演成積不相能。故退出公府後，不及返家將息，即馳赴合肥處，告以役函經過情形，冀其有以自處，而未可過於任性。

袁想做皇帝又要裝虛偽

合肥聽罷，初亦惴惴不寧，繼忽憤然曰：「到了此時，又想做皇帝，以傳之子孫萬世，又不說真話，以愚弄股肱心膂；而對親如骨肉的我，第一句：『說錢。』錢！只可收買『不知人間有羞恥事』的反覆小人。第二句：『說權。』權！給那些攀龍附鳳的莽大夫好了！如再相逼，有死而已。如再召談，可直截了斷，代我作答曰：『段某正待罪待死！如待罪待死尚不許可，請「聖主」便宜行事！』」

合肥不經意而說出「聖主」二字，不期而發一苦笑。我隨合肥數十年，如此憤然而作，如此苦笑增悲，恐亦為其平生僅有之一次。感愴之下，惟有默然而已！

合肥繼囑余曰：「項城習性，我固深知，其所企圖，便昭然若揭，批逆鱗，進忠諫，我非畏懼而不此；實因其有害而徒傷情感。我區區為項城之私，汝固知之，即項城又何嘗不知？汝明日復謁項城，不必多費一詞，只聽其發付可也！生死且不計，何有於得失？」

段、徐兩人一鼻孔出氣

余聆取此無結論之結論後，逕即返家，獨自籌思所以轉圜之計，而終不得，致竟夕不能成寐。想找又錚諸人一商，則又錚實為與合肥同一鼻孔出氣之人；且合肥此種堅定態度，十之七八受又錚影響為多。項城固曾囑余，切不可將此事告第三者，乃決罷此設想，徐圖其次，以備進謁時對答。

我之所謂「徐圖其次」，乃無辦法之一種辦法，即復謁項城前，再先謁合肥一次，請「國戚」援「聖主」說法，亦許我以「便宜行事」。「國戚」云者，即指合肥。合肥續娶張夫人，為項城養女故也。

曾氏語罷，亦為一笑！

我因秉間戲謂曾曰：「我少時詠史，有：『江山套在紅裙裡，多少英雄解不開』句，可見紅裙功效之偉大，閣下何不一商段夫人？動以「父也夫只」之大義，使其掩袖一言，或可解此國難家難之厄？」

曾氏失笑曰：「此非正眼法；但亦一法門，備為非常待用法可也！」

曾氏見我作調侃語，故答語亦極盡幽默之能事。並告稱：「合肥雖有季常之癖；但只限於閫內與床頭；閫以外，軍國大事，則從不『謀及婦人』。且聞項城，於召見我以前，曾召其義女段夫人歸寧，欲一探合肥徵尚。而段夫人除能告以乃夫有幾成裝病外，其餘一切，謝以不知。項城亦徒喚奈何而已！故我仍照初步次定，先謁合肥，簡單明瞭，請其可能範圍內，予以『便宜行事』。

合肥知難題落我肩上，此次獨能體卹苦情，加以慰藉；但鄭重聲明：『除不擁護項城做皇帝，及暫不謁見外，其他均可便宜行事。』

我想：項城所要求者，第一事，正為見面商量，俗稱：『見面三分義』，則再商第二事所謂：『黃袍加身』，不愁合肥不入彀中，一做潘美輩也。因再請命曰：『項城恰為此二事著想，敢請稍微放寬行事範圍，俾進退較有餘裕。』

横梗段氏心頭一件往事

合肥沉思有頃，始肅然相告曰：『昨晚又錚來稱：項城左右，已亟謀不利於我，併及又錚！聞他們只待上面點頭，便採取行動。我料此乃想當然事，又錚神經過敏，最多聽信一半；但亦不可不防範之。』旋又曰：不過，我有一橫梗在心頭之往事告汝：『當宣統改元，清室秉國者，如攝政王載灃諸人，首即主張劃除項城，為大行皇帝（指光緒）報仇；後以格於形勢，恐此非常舉措，動搖國本，始改放歸田里！記得此事正當醞釀之際，大有『山雨欲來風滿樓』之勢，項城外示鎮靜，且故意摒擋歸計，以表『願賜骸骨歸卒伍』之意；而內心則緊張恐懼，繞室徬徨！一夕，忽急足召余與東海往會，初則以雍容儒雅姿態，出所擬洹上村題聯，囑東海潤色後，好宣示海內，以明『拂衣歸釣』之心。」按此聯初稿為：

君恩漫向漁樵說；

身世無如屠釣優。

東海對項城，平常不隨便進言，更不隨便動筆，此次一睹上聯，卻即援筆改「漫」字為『夠』字，改『優』字為『寬』字。項城以其略不謙遜，初頗驚異。及細觀改竄之字，便轉嗔為喜曰：『改得得體，好極了！要知我們三人，從小站建軍之日起，即曾密約，誓同甘苦！永共憂樂！自問對朝廷不無微勞。今幼主承統，旨非上出，怨結權門，刀鋸之加，固不敢辭；倘幸而得保首領，以歸洹上，實所大願。惟余掛冠後，甚望汝二人，為我注意中朝舉措，如再逼人不已，勢必先行剪除我們的羽翼。則小站練兵諸人，實首當其衝，萬難倖免！有主張與其將來坐以待斃，不如目前先為之所；惟茲事體大，余不能獨決，汝二人以謂何如？』

徐菊人對項城委宛陳詞

余與東海，對項城所指「先為之所」一語，均已領略其含有非常重大之蓄意，不禁為之一愕。東海畢竟機智過人，避開正面不答，而從容以早歸洹上，暫卸仔肩，示天下以恬淡，則怨毒自消，再起可期為勸慰！

項城以東海一派遁辭，言不入耳，怒懷內斂，慍色外盈，乃指詢余曰：「芝泉有何能切當前實際辦法？不妨相告一談。」

余答以：「舉朝憒憒，亂不旋踵，危邦不入，避地以觀，或較得計。」

項城見余所答，亦猶東海之意，所不同者，彼此詞氣之間，略有誠與不誠之別。蓋東海道來泛泛，而余則言下諄諄，伊始點頭稱是；但又顧東海而言曰：「菊人兄，汝尚憶及吾兩人，在寒家結契時盟誓語耶？」

此言一出，覺其語固和易，而意實冷然！東海為之色變。余雖不解「結契」一事云何，然已料知其必另有文章，且看東海如何應對？

東海色變又歸平靜，則行所無事，仍從容置答曰：「昔遊珂里，公為府主，我忝賓朋；今在王城，公終腰玉，我獲彈冠。報公之日方長，期公之心獨大。殊不欲水到而渠不成，蒂落而瓜不熟，以憒公事。皎皎此心，可盟息壤。」

項城傾聽後，顏為一霽。

相傳東海初通籍居京，時運不濟，比時翰林中，有八紅八黑之稱，而東海實居八黑之首。但詞曹中人飲宴，非東海在座則不歡，以其談笑風生，雅言雋永。今觀對項城娓娓陳詞，委宛有致，宜項城為之悅服，而無形中，消弭其掀天揭地之無比野心。苟當日余與東海，答語一涉含糊，則陳橋一幕。可能試演，寧待今日，始忸忸怩怩，排場作態耶？

徐世昌袁世凱盟誓經過

至項城與東海結契盟誓經過，余首叩其究竟？東海當時，有所顧忌，笑而不答。入民國後，偶憶此事，再三以請，東海始告曰：

「昔在袁家作客，項城年少好事，喜胡混，不喜讀書，而才氣則實不可一世。一夕，突約余見於後園，則小亭上，設一供桌，牲醴斯陳，香燭具備，謂欲效桃園三義故實。余初以此事無關宏旨，且盛情難卻，因漫應之！不意項城認真其事，始則邀拜天地神祇，繼則朗宣盟誓曰：『如我袁某某，將來能做皇帝，則必以徐某某為宰相，富貴與共，生死同歸。有渝此盟，天雷相殛！』余一聞『皇帝』二字，亟思一掩其口，惜來不及，正擬責其胡說，而項城已轉拜余前，余祇得答禮如儀。項城喜極，以為余已默認，亟出其所備金蘭譜帖，邀余填寫三代腳色，己生年月。草草畢事後，余堅囑其頃間所謂『皇帝』二字，不能外露絲毫，否則，族矣！

「孰意項城，毅然相責曰：『言在盟府，聲聞天地！天地鬼神，實式憑之。對老兄，枉說了再做；對外面，做了再說。誅則同誅，族則同族，有何可怕？怕便不做。君如畏怯，以示弱，駟不及舌，悔亦徒然！惟冀今日勿忘此盟，他年促出實現，俾吾兩人，留做兒孫佳話！』我見項城一意強姦人意，難以理喻，惟有暫為置之，此祕密，存胸中三十餘年矣！我時時以恐被株連為懼，微項城自提，微閣下堅訊，本已永不欲第三者知之；蓋此種舉動，乃兒戲怪劇，豈能留作兒孫佳話？幸閣下勿以語人，供人話柄，且渲染成謠也！」

余因笑謂東海曰：「種皇帝於後園，產宰相於蘭譜，非項城之明？不能成東海之大！非東海之豎？又安能啟項城之聖！今觀聖意所趨，即民意所假；不出五年，恐將御大殿、開東閣，以實踐金蘭盟誓矣！」

東海聞言，喟然興歎，隨亦戲謂余曰：「大殿一御，東閣一開，君若聘卿，一龍一虎（按聘卿，即王士珍，當時有王龍段虎之目），左龍驤，右虎衛，驃騎大將軍帥印，與駙馬都尉玉牒，恐亦難免不逼人而來！」

於吾兩人廢然相約曰：「共和建立，帝制永除，今日何年？人間何世？倘果有『當塗』再見之日，必身敗名裂無疑！吾兩人，當一逃東海之濱，一遁合肥之野，以免天下人笑戳，遺子孫以無窮之羞！」

上述經過，乃余與東海（徐世昌）共期往事也！今尚不到五年，言猶在耳，不幸而言之竟驗。我可披瀝相告：項城想做皇帝，蓄意已久，左右不過承旨而已，挽勸全屬徒然！吾人即商量百年，亦商量不出善策，以為補救；還是由汝彌縫敷衍，相機作答，以不了了之。總之，我誓不為其設一謀，撐一柱！即東海，亦早有同心。高爵美名，吾兩人決不受也。

（原刊於香港《春秋》雜誌第五九九期，一九八二年六月十六日出版，第一八——二二頁）

與曾毓雋（雲霈）縱談上下古今（中）
——張謇談袁世凱一生無事不取巧無人不叛負

花寫影

緒言

我聽了段合肥（祺瑞）所述一段「金鑾密記」後，已徹底瞭解段氏誓不帝袁這一決心之所由來，而非半推半就、伈伈俔俔者所可比擬。一方面，既傾佩其人格之高；一方面，又深以往謁項城，無從覆命為憂。離合肥處後，頗有歧路徘徊之感。繼思徐又錚，畢竟權奇倜儻人也，不如試一探詢其本意，然後請其相助，或可有濟。乃即逕往又錚每晚所必到之某俱樂部。

無從覆命找徐又錚相助

一入門，又錚笑迎曰：「皇華使者辱臨，敢問所命？」

我見又錚，已明吾來意，因坦白告以合肥反對帝制，與項城積不相能、各走極端，而本人則處身夾縫兩面為難之一切經過。

又錚又笑曰：「閣下誠坦白；但尚隱有一事，不欲告余，即項城大罵徐樹錚該死是也！」

余亦笑曰：「事誠有之；但項城與合肥個性，君寧不知？罵了便告無事，又何必贅述，以攖君之怒？君亦何須必聽，以自撞木鐘？視而不見，聽而不聞，此處世上乘宗法。」

又錚頷首曰：「閣下真可人！則請刊盡繁文褥節，當頭一喝！問我：『計將安出？』不亦簡單而又痛快乎？」

我乃更告以項城與合肥，各執一端，無法向項城覆命之苦。倘照合肥所言以告，不難立刻決裂；不告，又責任未了，請「智多星」為我設想。

又錚大笑曰：「閣下不過不欲負責段間決裂之直接責任而已；但此次之事，終非決裂不可。為閣下計，仍大膽往謁項城，告以一見合肥，即遭其大罵，不許開口，須稍緩一、二日，得向合肥進言，再行覆命。此後如項城再催，則對使者婉言謝辭，不必再謁項城，硬碰釘子，閣下以為如何？」

余對又錚所言，有如孩稚共捉迷藏，大失所望，即思告退。又錚何等聰明，見余若有不豫色然者，始正經為計曰：「閣下明日，仍先謁項城，告以『合肥擬俟少瘉，即親謁面呈密要。』項城能得與合肥面談，必喜且不勝！然後吾人徐圖補救。要知茲事體大，非造次所能戲事，閣下其謂然否？」余覺又錚所談，極合本意，乃於次日，再謁項城。

馮國璋致袁函狡獪圓滑

余此次往謁項城，為第三度。抵公府後，即傳請往見於某所，所詢第一句，仍是：「芝泉病況何如？有何意見？」

余從容置答曰：「彼以茲事體大，決俟病體稍瘉，躬親請謁，面呈一切。」說至此，我不待項城發問，緊接著，又故意加重語氣重說曰：「親來密商，比較方便！且察其病狀，似已好轉，身體亦較前略健，大概最短期內，即可應命前來。」

項城見我語意堅定，又聽到最短期內，可以會晤，憂戚之容，立刻變為喜悅！古人所謂「天顏有喜近臣知」者，確可為我當時寫照。

我正欲乘此大好時機，將謁談早告結束，便即告退，作我空虛之逃；但項城準備發言了！他一發言，問題便多，如不解答，再難脫身，於我僥倖免除災禍之念，又完全消失於渺茫之境。我暗中在咎又錚，凡所作計，總帶幾分冒險性質。項城曾謂：「合肥將來，終當為其所累！」我此時腦海中，亦復極有同感，且深佩項城能獨知又錚，實遠為合肥所不及！我剛正冥想，只見項城，從堆眼文書中，檢取一箋示余曰：「此華甫（馮國璋）親筆函也，汝試一閱，必覺其真有進步，真識大體；其對當前局勢之深切瞭解，應稱第一！」

我敬謹受讀後，記函中有最警切，而又極圓滑之數語，使我刻骨難忘者，大略以謂：「……京以外事，倘有所命，國璋當曲折以求合鈞旨，力所能勝，赴湯蹈火，決不敢辭！惟京內事，則極望菊人芝泉諸兄，能切實秉命而行，不要為其左右所誤，表裡一致，隱患潛消。」

繼又謂：「從古未有持衡於內之親密重臣，尚存觀望畏避之想，而聽命於外之疆鎮文武，能從心以發抒其拱護之忱者，是在明燭機先之鈞斷而已！」

我閱罷此函，不勝感歎，誠不意以武人出身之馮何間（國璋），亦公然舞文弄墨，作此狡獪！將責任完全推諸東海與合肥身上。東海「八面玲瓏」，素擅解脫，將來又難免不將責任，再推諸合肥一人之身！尤其馮函所指：「不要為其左右所誤」一語，明明係指合肥之信任又錚，最為中項城之忌。浸潤之語，合肥危矣！因不待項城再作垂詢，即指此函批評曰：「無論東海也，河間也，合肥也，皆屬國家柱石，似應同心協力，三位一體，相互瞭解，方能成其遠大！如彼此推卸，相互猜忌，則恐禍在蕭牆，非國家之福。合肥相隨最久，知遇最隆，忠直有餘，心地極純，每臨大變，敢擔當，亦任受過，有以往事實可證，有鈞隴重託可徵，非一二人之私言，所可厚誣也！」

袁對馮段使用「激將法」

項城知余所言，當然為祖護合肥而發，始徐相告曰：「此亦不能獨責華甫，華甫遠在南中，殆不甚明瞭菊人與芝泉近態，因以相規，固當有其忠於朋友之處。可為我將華甫此意，轉告芝泉，我上次不是說過嗎？祇要芝泉能挺身出頭，則華甫方面關係，可立即改善；至我所最信任者，自亦首數芝泉。正因如此，難免不招他人之嫉，難道你們真不明瞭嗎？」

我聽罷，唯唯應命，剛請興辭，項城又急揮手曰：「且慢！又錚其人，亦小有才，如循正軌，可期遠到；但傲岸自是，開罪於人特多，即菊人、華甫，亦常指其跋扈。芝泉如愛之，不應反以害之，亦可為我轉加勉勵，並可將去此函共閱。」

我初閱馮函，幾疑項城信馮而袒馮；及聽其說，則已感到項城完全在用激將法，正又欲激起馮段二人，作效忠於己之一場競賽。一方面，固極歎服項城之權奇自喜，可告觀止；而另一方面，又不禁歎其自欺欺人，為可憐可笑。曾文正有言：「你不要說你最聰明，人家還比你更聰明！」項城此聰明衣缽，我所目睹者，大概傳授了幾成於徐東海與馮河間，二人而後，不得其傳焉！後來終有馮煥章（玉祥），自命以為此種伎倆，正合天授；而不知項城，每一臨場，尚有幾分遮羞，幾分逼真，馮則早已認假為真，遂肆無忌憚，將來結果，必比袁更慘！

段大罵馮國璋連狗不如

余由公府辭出後，即先往見合肥，報告已代為權允病癒後往謁面談，並遞上馮國璋致項城手函。合肥看罷，擲之於地曰：「如此巧言令色，推卸責任，此種狡詐，終有一天，圖窮而匕首見。馮華甫，本來是『狗』，現在看來，簡直連狗不如！」（按：袁世凱手下，有龍、虎、狗之說，龍即王士珍，虎為段祺瑞，狗則馮國璋也。）

合肥罵至『狗』字，大概想到「龍虎狗」一事，頗覺有點失言，便掉轉語調曰：「項城對此函看法如何？」

余答曰：「項城亦何嘗不知其作玩弄，不過欲借以激動我方耳！我當項城面前，已痛論其不應出此，項城心是余言，而口不承認；但最後卻懇切表示：對我方始終靠賴。我想：既已權允病癒往見，則不能稱病到底，終有往見之一日，事先應有準備才好。」

合肥曰：「又錚來過，亦為此事耽心，而未想出適當辦法，汝可即找又錚共商，回頭告我。」

徐又錚亦未想出萬全計

我找到又錚，遂先將馮函出示，又錚亦怒罵曰：「此起碼的天真想法！我們可設法慫恿項城，說東海與合肥，均已唯命是從，逼其表示真正態度，不難一戳即穿！不過馮正擁兵坐鎮南中，舉足輕重，項城早有幾分顧慮，恐不欲為已甚。我們還是抓定自己的原則，即第一：『不論直接間接，積極消極，均反對帝制到底！』第二：『欲項城中途取銷稱帝野心，據張季老（即張謇）相告，已完全失望，所以，合肥還是始終稱病不見為上。』」

我反駁曰：「不見固佳；但不能稱病到底。合肥以為慮，特囑我找你共商，君今之諸葛，必能想出辦法。」

又錚個性，最喜逞強，聽我稱為諸葛，高帽一戴，神已飄飄，隨笑應曰：「君放心，吾人必能想出對策，可容我思之！」

有頃，又錚忽拍案叫曰：「得矣！我可派人揚言於梁燕蓀、楊晳子輩，只要合肥願見項城，項城可答允合肥一切要求；所謂要求，包括人事調整云云。彼輩一聞此言，恐被指名調整，必多方設法，以緩項城與合肥之見面，則吾人可從容坐觀其變。」

又錚語畢，頗露得意之色。

我答謂：「得則得矣！奈『黃台之瓜，不堪三摘』何？如此一來，勢必弄成糜爛不可收拾之局，諸葛復生，恐不出此。」

又錚著惱曰：「宋襄公之仁，與婦人之仁，何能打此難關？君蓋不知項城父子，及籌安諸人，計之辣，而心之堅也！我請為君言之。」

張謇忠告段氏不要參加

當張季老（謇）離京南歸之前。據謂：曾三度與項城獨作深談，最後一次，由入晚以談至五鼓，季老臨別復勸曰：「余行矣！公好自為之！所為深惜者，公不生五十年前，或百年前，而左右必倒拖公以『削足就履』，竊見其不智而已！吾人數十年交期，不能見而不告也。」

項城聞言，乃毅然作最後之答覆曰：「吾決矣！共和政體，實不適宜於今日之中國，國體必由我改，皇帝可不我做！將來可讓朱明後裔來做。如浙江朱瑞，也可以做！」

張笑著回說：「朱瑞可以做，難道唱戲的朱素雲不可以做麼？此言傳播，此皇帝亦太不值錢矣！」言罷，不待項城再答，即告辭而出。

此段經過，係我（指又錚）往送季老南歸，季老親以語我，言次，尚不勝其歎惜！我因請曰：「公料此齣如何收場？」

季老曰：「君可轉告合肥，記取吾言，簡單一句，「不要參加！」參加，即斷送一生政治生命！

項城要做皇帝有其根據

我（又錚自稱）正想告退，季老忽留與語曰：「項城一意要做皇帝，有其根據。當光緒九、十年之交，我與海門周彥昇（嘉祿）、閩侯林怡菴（葵）、泰興朱曼君（銘盤）及項城等，同客吳武壯（筱軒）幕（按指吳長慶）。一日共敘，林怡菴招一相者，為在座諸人相命，相至項城，驚叫曰：『特奇！特奇！此君位極人臣，已可斷定；然時會之來，恐尚不能限其所至？』項城喜形於色曰：『君真有眼！曩吾鄉居時，遇一遊僧，亦謂吾有九五之份！他時言驗，當取厚賞。顧余如王粲依劉，何時始得出頭？』彥昇戲慰曰：『劉裕一田舍翁！元璋一落拓僧！今君處境，何止較勝一籌？敢謂大有希望！』項城聞言，色遜而內自滿。繼相至余曰：『君當名滿天下，或者其大魁天下乎？』於諸人，有戲呼我為狀頭者，此事尋且忘之。及甲午，余以第一人登第，聞項城得訊，比我更喜曰：『張季直狀元之言已驗，區區又寧敢後人乎？』項城皇帝之想，即種因於此。吾謂相者之言縱驗，亦不過害項城躍登龍椅上，翻一觔斗而已。」

可惜袁子望之不似人君

又錚述至此，忽戲參以己意曰：「項城頗如虬髯客，亦具龍鳳之姿，日月之表，只可借曹子桓，委瑣狹窄，望之不似人君。不如太原公子遠甚！知子莫若父，如以項城之聖明，讓自己好好過足『皇帝龍癮』後，便竟傳賢而不傳子，則吾人都有四萬萬分之一的皇帝希望，又何苦去反對他呢？再如項城，果能言出由衷，真正讓朱明後裔來做，則眼前之朱啟鈐、朱瑞、朱素雲三人，亦各有三分之一希望；但你千萬不要把一個總長，一個督軍，看得太重，倘正式投票選舉，則此伶人，必能以壓倒姿態取勝！因素雲面貌，固不若朱啟鈐、朱瑞之可憎，而實可愛；且伊一旦當選為帝，粉墨登場，早饒經驗，櫻唇一啟，語言又多有味！

「君不聞張季老，提出朱素雲亦做皇帝，而項城無怯駁回後，好事之徒方惟一君，曾有一詩『調素雲』乎？詩曰：

歷數朱苗到爾身，九城傳遍話清新。
不須更說華胥夢，漳水瀟瀟愁煞人。

「調素雲，即所以調項城！有人以為此詩，帶蕭瑟之感，恐成項城他日『孤王』之讖！

吾亦頗有同概。」

朱元璋託夢讓老袁為帝

又錚復告曰：「君又不聞，朱素雲亦有和詩乎？詩曰：

矯首神龍半現身，顏威雖舊命維新。
連宵夢見家洪武，囑把江山讓此人。

「朱素雲何以有此和詩？據某將軍親聞於素雲者曰：『自方（惟一）君贈詩後，某以一伶人，何來九五之份？因笑置之；但某夜入睡不久，忽有警蹕聲宣呼曰：「駕至矣！」又彷彿有人催起曰：「速迎駕！」余初以為身猶在戲臺上也，不甚措意。及一睜眼，則見一豬嘴偉丈夫，龍袍袞冕，自稱為洪武皇帝，厲聲敕余曰：「此一收場皇帝，可令袁某某嘗嘗滋味！如果皇帝好做，難道我肯讓我子孫，犧牲此偌大權利嗎？」余睹其威猛神色，又聽其所語，已知事不平凡，正擬凝神諦視，則滿室漆黑，原來一夢！次晚，又夢如前。故遂為和詩，以明心迹，且以紀實，免罹奇禍。』等語。

「今細味朱詩，首二句，對項城既為遜清臣宰，又成民國總統，再又想做洪憲皇帝，描寫得蘊而不露，所謂『超以象外，得其環中』者也！尤其『半現身』三字，直將項城偷偷摸摸那可憐相，繪畫得有聲有色，令殺人不眨眼的朱元璋，也動了可憐之一念，而特別託夢於乃宗素雲，囑其『禮讓為國』，給項城以獨得機會。此雖純屬夢話，卻難得朱伶能有此詩。我看此詩。等於一面開國大鑼，項城如登大寶，應將此詩藏之大室，以垂不朽！閣下以為如何？」

又錚再談有關項城軼事

我深知又錚個性，興會所至，雋語如珠，了難休止，因笑應曰：「所見略同。」但特別提醒其對「阻緩項城合肥見面」一事，應早為之計，以策萬全。

又錚答謂：「請君高枕，看我好謀，且君願更聞有關項城之一二軼事乎？」

余笑謝曰：「願！但請將極精彩者道來。」

於是又錚言曰：「當項城初權直督，張香濤（之洞），道過督轅，例張宴以待，余時恭侍陪席，親見項城率將吏以百數，飭儀肅對，萬態竦約，滿廳屏息，項城恭餘於傲，始終不懈；而張小坐數語，即欹案垂首，若寐若寤，呼吸之際，似醰醰然隱齁動矣！我輩當時，以張香濤偃蹇作態過甚，正深替項城難堪；項城卻毫無介意然者，祗對張紅頂，略一睨視。迨後數月，項城偶與吾輩僚屬論及此事，始輕蔑一哂曰：『中朝無人！彊圻無人！怪不得張孝達（亦張之洞別字）以中下之材，能純盜虛聲數十年。此等人物，遇我交手，不勞一舉手，即齏粉矣！』此為我所見，袁對張香濤之評泊也。

「又某次，項城語及李合肥（鴻章）曰：『合肥亦賴上有曾文正，而下有一班好部曲。究其實，合肥真正所倚賴者，乃在中朝與地方，都無人才。此非吾不敬重尊長，奈均事實！如當時朝廷內外，個個如今日之袁某，也可說合肥成功，或不止此？也可說合肥抱此殘缺，或不這樣容易！』此為我所聞袁對李合肥之評泊也。

「李合肥，吾不敢評；若張香濤者，賢於項城有限，皆功利巧宦一流人也！半豪傑也！豪傑而曰『半』者，其他一半，屬屠沽故也！我有說，君其聽之。」

張謇歷述項城一生行誼

又錚復詳述張季老（即張謇）對於項城一生行誼，所舉許多實例，則幾於無事不取巧，無人不叛負！項城以一無告青年，自初投吳武壯（長慶）軍起，不次擢為帝辦營務，武壯且分其軍之三營畀之，俾資留防。項城有此本錢，即開始自結李相（指李鴻章）。露才揚己，以特顯武壯之短。對吳公且然，對吳幕諸人，如張季老（謇），如朱曼君（銘盤），如周彥昇（嘉祿）等，或為課讀之師，或屬提挈之長，而項城無一不背負；最低限度，亦凶終隙末以了之。

其自結於李相也，則夤緣包苴於李相之婿張幼樵（佩綸），中間幾近十年，均賴李合肥為之提挈。後來因東事起（指甲午之役），合肥責其不應離開朝鮮，項城乃恨而改走與合肥穩相對峙之翁常熟（同龢）路線；又由翁常熟，而搭上李高陽（鴻藻）路線。此三公者，如李合肥，已發覺其狡詐，而復因左右之迴護，且常加薦擢。及合肥晚年，則項城勢漸坐大，李本身亦想把持淮軍這一體系，不欲其落入他系他人之手，於臨死前，尚聽信于式枚（晦若）輩之言，而又加推薦（見項城親筆謝于式枚函）。終合肥之世，項城尚在羽毛將豐滿、未豐滿之間，故迄不敢公開背叛，只悄悄另伸一足，踏在翁常熟與李高陽船上。

如翁常熟（同龢），則結納不到五年，值戊戌事變起，項城又以一時之利害關係，而臨時投向榮仲華（祿）。常熟日記中，每稱項城為不誠實，乃又利附之，則可見項城玩弄一代權相之手腕之高明。如李高陽（鴻藻），項城自走上榮中堂之門後，對李亦漸不賣賬；而李則終身未看穿項城真正面貌也！如榮仲華，聞其死後，項城確實掉過眼淚；但此淚非痛淚，乃急淚，一時急得失此通天靠山故也！一時悔恨孝敬榮中堂之太逾其分也！

張之洞一句話項城免死

迄張南皮（指張之洞）入閣，項城表面頗尊之，且引為同氣，其實已視南皮為一供張木偶；因項城此時，又已與奕劻輩深相結納，聲勢煊赫，南皮已瞠乎其後，而無如項城何？

然項城開口閉口總稱：「相國！相國！」及攝政監國（指醇王載灃），有誅鋤項城，為先帝報仇之意。據傳，項城知己身處險境，一髮千鈞，乃夤夜密造南皮之門，告以：「清室諸權貴，如何不重南皮，如何排擠南皮，吾人必合力以圖存，分則勢孤，將遭各個擊破！」南皮昏聵，信以為真，且允彼此合力，以替漢人爭氣。適攝政王向南皮微露誅鋤項城之意，南皮乃發揮曰：「沖主方立，人心未定，乃殺重臣，吾不知其可也？」南皮只此寥寥數語，而項城已冉冉超生！

南皮既大有造於項城，項城應何等感德！乃項城放歸洹上後，聞南皮之薨，笑語往訪之某公曰：「鄭五入相，時事可知；今五百羅漢，少了一個供奉，倒覺自在！」此可見項城為人，僅有利害觀念，而無真正人性！故凡被項城利用過的人物，在項城看來，好比發生過關係的女人，等於一隻破鞋，敝屣之不暇，何暇顧卹？綜上如張季老所稱，考諸項城以往事跡！可徵也！故目前攀龍附鳳之輩，將來功越高，權越重，即為其登上龍椅後，提前藉故劃除之人。項城做總統，不過讓其多暗殺幾個政敵；倘做皇帝，則所謂如朱元璋，每日臨朝，「玉帶一緊，朝臣凜凜！玉帶一斜，滅絕萬家！」昨與合肥（指段祺瑞）談及此等處，合肥亦曰：「本來他做皇帝，干人底事？不過不忍見其『斜緊玉帶』，恣意殺戮，以造成洪武朝慘局也。此吾人非拚命反對帝制不可之真義！」

梁燕蓀過訪探合肥真意

曾雲霈氏語及徐又錚對項城長篇評述後，隨興感曰：「我亦深覺項城，真乃又錚口中之項城，嫌其過於權奇自肆。宜乎又錚平日對彼貌似恭謹，而心若不甚慊然者！其對合肥。則不論如何爭論，有時甚至捱罵，但從無後言。即吾與又錚之間，間亦不無磨擦，而又錚就事論事，亦從不以私相訐；且凡屬有利於公，尤其有利於合肥之舉，又錚即趨赴惟恐不及，而決無『謀之必自我出，功之必自我成』之心。故吾每暗服其勇邁而兼有雅量，因一再相約曰：『一切如君所論，但請從速進行！』

「又錚勇於任事，果然此後多日，項城不再召我，又錚之謀告成矣！忽一夕，梁燕蓀過訪，略詢合肥病狀後，即慨然曰：「合肥與河間，為項城左右臂；而合肥於項城，關係更深。足下與又錚，又為合肥左右臂，而足下於合肥，借箸綿密，出謀穩健，其貢獻之多，有非又錚所及者！此非面諛，即項城亦數數為吾輩言之。足下多次應召往謁，勢必有所感觸，此次君憲之議，起於群小，謂出項城示意也好，謂由群小希旨也好，我們不去管他；總之，我梁某，初未參與其事，更未贊同其謀，此為事實。但現已鬧得風雨滿城，勢成騎虎，吾人直接間接，久依項城，又何能坐視？頃聞，項城相告，謂據足下轉陳，合肥已允病癒往謁。果能如此，兩相對越。何事不好商量？且外間祇要一聞項城與合肥見面，第一：馮華甫即不敢再如目前之作壁上觀，而將一切責任，推諸合肥身上；第二：東南、西南各省督使，對我方必立刻改變觀念，而有所顧慮，以共尋求緩衝之道；則項城做不做皇帝，均得有時間從長計議。而合肥將來，必為此一問題之重心無疑。在項城，心可少安；在合肥，公私兩利。又何樂而不為？且項城對合肥之斡旋，獨屬望於足下，足下固早有抉擇，寧待長言？」

「我深知梁氏，為探察吾人真意所在而來！因坦率相告曰：『項城所命，敢有不從？合肥已決定病癒往謁；但項城左右，恐不每個人，都如閣下想法！偶有差別，又將奈何？尤其合肥個性，閣下所知，決不可供群小玩弄！』梁氏見我戳穿其隱，始施施然曰：『足下之言是也！容我將此意往陳項城，得其瞭解，對左右加以約束，再來就商。』梁去後，我慮其慫恿項城，召我面答，乃即馳往又錚處，告以經過，共商應付之道。」

梁氏被又錚澆一頭冷水

又錚笑謂余曰：「梁燕蓀，姹女捫錢，最講實際。論幹才，合籌安六君子，恐尚難與抗手？籌安之始，伊確站在邊沿，後見項城勢在必得，又見籌安六君子，秀才造反，一籌莫展。乃覷定機緣，自告奮勇，果不旋踵，而具眉目。記得某次，吾人共飲於某俱樂部，張鎮芳輩譽為『財神一出，窮鬼相歡！』梁氏不惟不以為忤，而且攘臂相應曰：『九門提督，金吾大將軍聽者：君擅成風，我多辦法，他日巡城，方便則個！』梁倚醉作此狂言，一班攀附之徒，歡聲雷動，梁獨斜睨余曰：『又錚不以為過乎？苟富貴，毋相忘，如相忘，有如此酒！』言罷，即舉酒釂飲，余亦舉杯相謝曰：『我本無心富貴，誰知富貴逼人來！』梁氏貌為醺醉，實則頭腦非常冷靜，聽我答語『訇訇如冰』，即爽然自失曰：『又錚畢竟可人，高人一等，恕我失言！』於我就託故先行離席。」

後來，我將此段經過，述於合肥，合肥曰：「記取吾言，他日真能亂天下者，必此人也！」

又一次，偶集飲某君家，除梁燕蓀氏外，尚有籌安六君子中一、二人在。不記誰某，敬飲至梁氏前，梁辭以不勝酒力，坐中有一人起言曰：「三對酸酸！不如一個辣辣！非請乾杯不可！」梁氏知所指「三對酸酸」，乃六君子也！一個辣辣，則當然係指自己。喜從中來，不覺一飲而盡！又可見梁氏對籌安諸君子之傲負。然而有我徐某某在，決不令此獠猖獗禍國也！

（原刊於香港《春秋》雜誌第六〇〇期，一九八二年七月一日出版，第八——一二頁）

與曾毓雋（雲霈）縱談上下古今（下）
——袁世凱致段函及段覆袁函均珍貴歷史文獻

花寫影

緒言

徐又錚述畢其某次與梁燕孫（士詒）等共飲於某俱樂部，眾人共譽梁為財神，而梁氏笑承不以為忤之一段經過，復笑謂余（指曾雲霈）曰：「曰：「如此創業垂統之主，如此趨蹌後之臣，一旦御極，真所謂：『元首明哉！股肱良哉！庶民哀哉』者也！」

余亦忍俊不禁曰：「君所評述於項城諸人，固甚切當！但君稱：『南皮與項城，半豪傑也！豪傑而曰半者，其他一半，屬屠沽也』之語。立意新奇，到底作何解釋？請有以語我來。」

又錚曰：「我亦正想闡此不傳之秘，以諗國人，且聽我道來！」

又錚再闡述一段掌故

又錚續曰：「當壬寅之春（光緒二十八年、即一九〇二年）南皮過保定，項城時權直督，以盛宴相款洽，坐中有楊蓮府（士驤），為翰林後輩，南皮特故意與之談詞曹掌故，而視項城若無睹；蓋輕項城非科甲出身也！」

談次，南皮以楊淵雅，頗為嘉許，嗣出語人曰：「不意袁慰庭（世凱字）一旦做總督，藩司乃有楊蓮府？」項城以南皮輕己，早示不滿，及聞此語，即忿然謂楊曰：「足下既受香帥青睞（當時多稱南皮為香帥），何不請其奏調湖北？」

楊知項城語含醋意，笑應曰：「縱香帥有此意，司裡亦決不願伺候此種偃蹇上司也！我看，香帥正同左季高西征返旆，驕而蹈虛，伴食東閣，苟延一時而已，不足畏也。」

楊氏說詞投合老袁心理

同時，楊氏更向項城進言曰：「今竊觀香帥，一睹節帥（指項城）軍容之盛，極有嫉視之意。我看香帥，本為觀察新軍建置年形而來，乃竟避而不與節帥一談軍事，而特與其區區一翰林言歡，以示重文輕武，其真意卻在彼而不在此。故吾獨以為香帥此種行徑，決非輕視公，乃嫉視公，實即重視公，深畏公也！」（按上述各段，徐又錚氏於致馬通伯書中，亦曾約略論及。）

項城聞言得意曰：「張孝達，亦知有袁某哉？」楊見搔著項城癢處，因乘勢為袁謀曰：「曾文正首創湘軍。其後能發揚而光大之者有兩人：一為左湘陰（即左宗棠），一為李合肥（李鴻章）！湘陰言大而不務實，故新回平定後，遷徙調革，即不能掌握兵柄。致縱橫十八行省之湘軍，幾成『告朔餼羊』，僅剩有一名詞矣！合肥較能掌握淮軍，以自甲午後，頻年多故，遂乃尚能維持因應於一時。今公繼起，如能竭其全力，擴訓新軍，以掌握新軍到底，則朝局重心，隱隱『望岱』矣！他時應與曾李二公，爭一日之長，南皮云乎哉？」

楊氏此謀，對野心勃勃之項城，豈止正合孤概意，尋且引為同調，大有此「真吾張子房也」之概！

後來，項城於某一會談中，偶然論及楊氏，即極加稱許曰：「天下多不通之翰林，翰林而真通者，我眼中只有三個半人：張幼樵、徐菊人及楊蓮府，算三個全人。張季直，算半個而已！」蓋項城以能擅陰謀，合孤意者。即不通亦曰通矣！張季老，稍持正義，不與合流，故雖通，亦祇能算半個。項城之權奇自喜，亦即項城之掩耳自蔽，豈止可笑可憐！

張南皮有意折辱袁項城

不久，南皮於項城此論，已有所聞，且知為對己而發，常思有以折辱之。會同值樞廷。對某項軍機，即須行稿，南皮乃面許項城為知兵，請其即席操觚。項城不便諉卸；但一時靈感渺茫，良久未能脫稿。南皮當眾作不耐狀曰：「大作何時殺青？」蓋譏其遲鈍之極也！及稿成，項城已急汗涔涔下，而南皮一閱，即舉筆且芟且語曰：「如今，竟連半個通人都不見！」語畢，擲筆而起，則此稿已被殺得片甲不留，塗抹成「煙雨圖」矣！

亟謀雪恥項城不吝重賞

項城自上了此一課後，對南皮更為嫉恨；但表面愈顯恭順，亟謀一雪此恥。無奈南皮倚老賣老，即奕劻輩，亦常退讓幾分！況樞廷所在，乃廟堂。而非疆場，彼此重紳正笏，舉止安詳，南皮有弄筆之時，項城無用武之地，急得項城，肝火特旺。某天，機會終於來臨，南皮詩興發了，忽出片紙，書：「煙惹御爐許久香」句徵對，自意「許久香」三字。暗切人名，出句新巧，必難為對。因笑語同列曰：「大家試試。」同列正表示「敬謝不敏」之際，項城亦引領而觀，南皮即笑謂曰：「君亦有此雅興乎？」

項城見又在諷己，內心尤感忿懣；繼思，倘能倩一高手，借題還罵一次，實一快事！乃一笑退朝，即先找楊蓮府共商。楊氏尋思曰：「我於此道，素不擅場，恐難為役，然重賞之下，必有勇夫。無已，試求某需次名士為之，此名士需次過久，困居王城，如合選，幸不吝賞也！」

項城慨然應曰：「倘合選，淋漓痛快，萬金不惜，幸速圖之。」

某名士一聯袁楊同叫絕

次日，項城召楊，楊挾某名士以俱來，則五十許清雋人也！交談之下，出語解頤，項城已判其似能勝任；但以其儀宇清雋，恐不夠刻薄為言。某名士亦上他一課曰：「宮保儀宇，亦祇沉雄，外表又何嘗刻薄？只要狠心一發，刻薄之來，如江上之清風，與山間之明月，取之不盡。用之不竭，是造物者之無盡藏也，而予與宮保之所共適。」項城萬不料此清雋書生，乃有此冷峭新論，且借用東坡數語，妙到毫巔，因前席相要曰：「君必能替我吐氣，請即明以教我，頃間譏誚，正如箭在弦上，君亦不能不發，我不計也！」

某名士乃以眼色向楊氏取進止，楊氏指胸曰：「有我！請即寫示！」某名士乃一手探懷出紙，一手取款納懷，揚長而去。

項城與楊氏聚觀此紙，同聲叫絕！於是項城，顯其少年時佻薄慣技，略加思考，即笑謂楊氏曰：「明往樞廷，如此，如此！不氣殺南皮！吾不信也！」楊氏亦服其設計之密。

「圖陳秘戲」氣煞張之洞

次早，項城與南皮，晤於樞廷，大家共詢所徵對聯，有無佳品？南皮作得意式慨歎曰：「世無孔子！焉有顏回？應者且無！何來佳構？」

正談論歎惜間，忽承啟處遞上一函，項城即伸手接閱。函封長度近尺，右旁大書：「對聯應徵」四字，正中則書南皮姓字及親啟字樣。項城一面將函轉交南皮，一面大聲曰：「請相國拆封，俾廣眼福！」南皮見函面字體雅飾，方意此中必有佳構？誰知拆開一看，羞得南皮臉皮發紅！氣得南皮頭筋發青！原來該聯是這樣寫的：

煙惹御爐許久香；
圖陳秘戲張之洞！

南皮氣急中，欲待掩飾，則同列已看得清清楚楚，祇得搓做一團，擲向爐火，且擲且詈曰：「混蛋！」項城則故作不平色曰：「我看這應徵對，簡直不通，試問『圖陳秘戲』四字，怎能接得上相國尊諱？此應徵人，『混蛋』而外，還嫌『不通』。」大家不知就裡，只見項城義形於色，不辨項城笑裡藏刀，也遂附和著一罵，替南皮解嘲，然而南皮苦矣！

此事經項城再加渲染，已不脛而走，一轉瞬之間，即傳遍九城內外。南皮一生，以罵人起家；項城一生，以騙人起家！非豪傑，不敢以罵人！非豪傑，不足以騙人！然真豪傑，則既不罵人，更不騙人。今南皮與項城，一罵人，一騙人，吾故曰：「半豪傑也！豪傑而曰半者，其他一半，屬屠沽故也！」屠沽之詮釋，即市井無賴之謂，然余小子，又何敢以此論列南皮與項城？

題聯某名士姓曾名毓瑜

徐又錚述畢，曾（雲霈）氏急詢曰：「某名士者果為誰？而項城獎款，果萬金乎？」徐氏曰：「某名士，雖老而健在，容為介紹，以償君慾。」

又錚語至此，忽抗聲反詰余曰：「所謂某名士者，實乃君家兄弟也，君寧不知？乃故作癡憨狀耶？」

吾猝聞此說。儼同晴天霹靂，為之錯愕者久之，以吾宗實不聞有若而人者留京也！因亟相質詢曰：「此何人斯？吾家那得有此昆仲？請即詳以見告，毋使滋疑。」

又錚始笑曰：「明明君家『元方』又何必諱？據當楊氏介紹其與項城覿面時，項城叩其姓氏，伊且率然答曰：『姓曾名毓瑜。』項城乍聽之下，以伊名『毓瑜』，君名『毓雋』，且又同宗，當然視作君家兄弟；即我亦同有此想。杜子美有：『君家兄弟不可當』之句。請先移頌眼前『季方』，然後再查府上譜牒，何如？」

我知又錚，又在故下驚人之筆，以資戲謔，乃笑懇曰：「此人果屬何人？幸即語我，我亦必欲一見，以償吾願。」

又錚始為我解釋曰：「當項城疑此名士，為君昆仲行時，因問以應當與君相識？此名士曰：『藺相如，司馬相如；名相如，實不相如。南海北海，風馬牛不相及。我當年，目中無左季高，今日，又何有曾毓雋？宮保所急需者，為一七言聯帖，又何必查我三代祖宗？而我所急需者，區區萬金之數而已，更無關天下大計也！』項城以其狂狷，即不再詰，且察其鄉音，知為湘楚間產，而決非『左海流人』。」

吾聽到左海流人四字，知又錚又借句相謔，因反唇曰：「吾家名士，恐更非『銅山臭侶』。以又錚籍江蘇銅山。遂彼此相視一笑！」

左宗棠遣歸張之洞斥退

又錚謂此名士，即負一時盛名之曾東溪老人，亦即以「張之洞」對「陶然亭」之無情對作者。弱冠時，曾往隴右投左文襄軍，頗以能勞，而見賞拔，因特製「西征曲」數十首，以獻於左，思一逞其才氣！左氏固最樂阿諛，讀至「步卒日行三百里，旌旗一到解重圍」句，為之微笑曰：「世人亦知十萬軍中有韓范乎？」再讀至「西過敦煌六千里，豐碑紀績邁裴岑」句，則推案而起曰：「孺子知我也，吾何不豫。」最後，讀至「可憐雁塞迷離塚，半是湖湘子弟墳」一語。乃擲詩怒斥曰：「殺以止殺，乳臭何知？少年人，作此老嫗哭塚態，徒煞風景，沮吾士氣，將來為乾坤添一腐儒可必也！」遂遣歸不復用，以潦倒京華近二十年！

此老人亦曾由彭雪琴（玉麟）之介，遠赴嶺外投張南皮（張之洞），時南皮督兩廣，廣羅名士，備作呼聲，其好諛不減左湘陰（左宗棠）也。又因評張為剽竊好名，而遭斥退。自此次為項城捉刀，以痛諷南皮後，曾重伯（廣鈞、文正裔孫，少年入詞垣，王湘綺老人，稱為聖童者）聞而為之諺曰：「兩文襄，乃東溪剋星；東溪，亦兩文襄難星也。」蓋湘陰（左宗棠）與南皮（張之洞），薨後均謚文襄故耳。

甚欲一見名士東溪老人

至對梁燕蓀與我晤談之應付。又錚則毅然下一斷語曰：「君毋急促為？我料梁氏，旨在窺探吾人意尚，暫時決不會慫恿項城召見閣下，因我所做工夫重點，即在投彼輩所好，可使項城一時更不圖見合肥，今仍是『請君高枕，看我好謀！』如落人後，責我『非夫』可也！」我深信又錚之能必了此事，遂亦置以待之。

我對名士東溪老人，甚想一見，因詢又錚：「此老人刻在何處？可得見否？」

又錚曰：「似尚在此間，我與伊，不止一面之雅，容當找來共敘。伊與曾文正同里，熟諳咸同以來掌故，詼諧雅飭，貧賤驕人，亦東方曼倩與汪容甫一流人也！君與之上下其議論，保證不致失望。」

余最重信又錚之言，益促又錚，作速去找。

項城致段原函精警絕倫

曾（雲霈）氏述說至此，心情轉緩，似擬略事停息，筆者覺得有了閒隙，可以叩詢他急於想詳細知道的幾件事，因請問曰：「承告以項城致合肥手函，全面不過百許字，而動魄驚心，頗有明太祖朱元璋，致田興恕函風格，此原函今存何處？可得一賜省覽否？」

曾氏閉目凝神者久之，始相告曰：「原函亦存余手；但一時不易檢尋。幸函短，而又情文並茂，精警絕倫。請先口述，君手錄，即有差錯，亦不過一、二字也。」

余聞言喜甚，即援筆以俟。曾氏隨用福建京腔背誦曰：「君託病不見，其亦憶及寒風夜雪，凱與君及菊人三人，在新農鎮一矮屋中，圍爐一段說話乎？又曾憶及×軍門之喪，李節相（即李鴻章）親製挽詞，有『仗劍有誰憐我老？登壇猶悔用公遲！』之句，吾三人為張掛時，感到熱淚盈眶之一景乎？此景此情，今竟及吾身，凱欲無言，憑君開脫！」

曾氏誦畢，余亦錄完，曾即取閱一過曰：「一字不錯。他日檢出原函，當以贈君。用留鴻雪之思。」

余預作謝詞曰：「心領矣！丈如或忘，我當提醒。」

曾氏大笑而起曰：「我即檢來，請君毋躁。」

曾氏登樓不久，即持函而下，鄭重相授曰：「一朝文獻，今以遺君，雖百世，可徵也！」

余亦鄭重領受曰：「今日什襲而藏，他年當寫成回憶，以壽長者於無窮之世！」

於是相與展視此函，字體亦猶平日所書，而奇氣逼人，難以名狀，殆猶魏武橫槊賦詩，感從中來，豪情一發，而不可搏控，遂以構成千古絕詞！敢以質諸讀者，其謂然乎？

曾氏則謂：「倘項城能善用其驅使一世豪傑之巨腕，而又持之以『真純』，其成就直無可比擬者！」

余亦深然其說，隨叩以函中所謂「新農鎮」者，果何地？其圍爐所談，又果何說？

曾答曰：「微君言，吾亦必以相告。『新農鎮』者，即項城練兵於有名之小站所在地；而當夜圍爐所談者，據合肥（指段祺瑞）言，亦與項城鄉居時，同東海結拜誓言，大同而小異，不外一為宰相，一拜將軍，而寡人則從此稱『朕』而已！」

擬借段覆袁函錄一副本

人類好奇心與求知慾，是絕難饜足的，我則以好奇、好問，為一般知友所深悉。曾氏以項城致合肥原函貽我，本已大償所欲；但又想起合肥覆項城函，既為曾氏主稿，復經合肥親加潤色之手筆，其在政治史上之文獻價值，亦決不滅項城原函，因又向曾氏作不情之請曰：「合肥覆項城函原稿，今尚獲保存否？如獲保存，丈他時休暇，擬乞借觀，錄一副本，俾與項城函，作延津雙劍之合。」

曾氏聞言，無絲毫煩倦意，且起離座，且顧余而笑曰：「相傳歐九（陽修）纂五代史，凡有關史料之片紙隻字，不惜用盡方法，親加蒐集與觀覽，然後下筆，其作韓魏公（琦）晝錦堂記，則凡五六易稿，而又終用原稿，故有：『是非莫問門前客，得失休憑塞上翁』之感。今君詢一史實，必窮其原委，觀一函稿，必求其全備，真有心人也！鄙意，君大可改干戈屠斫之業，為斧鉞褒貶之雄。」語畢，不待余置答愧謝，即登樓而去。

合肥堅不帝袁並非意氣

迄下樓，則已手持段函原稿，親授余曰：「因君之誠，悉索敝賦，周禮盡在魯矣！合肥或不及武侯，願君勉為陳秀。秀評武侯：『長於治國，短於用兵！』合肥蓋棺定論。其所長何在？所短何存？願君他日，照事實錄存之，鄙人則附名於法孝直（正）諸人傳末，恐猶不足也！」

曾氏當時意興之高，誘掖後進之勤，概可想見。我一面對其獎掖，遜謝之不遑，一面受函稿共與展讀，則曾氏初稿筆觸，與合肥點竄筆痕，均了了入目，其原文曰：「拜讀鈞論，皇悚無地！小站追隨情景，固歷歷取現眼前，足徵沃露之長滋小草也！惟竊謂處今之世，與昔略殊，千年前，光武不強一嚴子陵，則千年後，倘尚有嚴子陵其人？正應許其志行，終老富春，以見光武之大！且如光武而生今日，為漢家天子乎？為美華盛頓乎？或亦知所自擇。恩莫逾於視同骨肉，愛莫大於以德相衡。祺瑞受恩深重，規擬或不於倫。而寸心則耿耿長懷知遇也！俟病小愈，謹當恭趨聆訓……」

我讀畢函稿，覺合肥堅不帝袁，實實在在有其堂堂正正者存，而決非出於個人意氣之爭，或投機取巧之舉！因特表敬重之意。曾氏感極，因指函中：「恩莫逾於視同骨肉」等句曰：「此均為合肥親筆加入之語，希並項城原函，共為永寶。」余立即承諾：「謹如命。」

比之古人袁與桓溫相似

既而曾氏又抒其所感曰：「項城騙李合肥，保其可用！騙榮仲華，保其可信！騙其他諸人，交讚其賢！以造成一個中心力量，迄於稱帝失敗，皆誤於以為『天下無人知是騙』之一念。你看，在歷史上，到底與何人近似？」

我思維半晌，由曹孟德、司馬仲達等等，一路找來，一部二十四史中，實在找不出一個絕對近似的人物相比。因為你說他不聰明嗎？他又玩弄盡了並時豪傑！因將此意，以語曾氏。曾氏閉目深思，只微點其首。我再一思索，忽然憶及清人嚴海珊（遂成），有詠桓溫詩曰：「錯綠溫嶠稱英物，誤認王敦是可人。」項城或者與桓大司馬同一路數人物乎？立即誦以告曾，曾張目撫掌曰：「姑不論項城與桓溫相不相似？即此兩句詩，已可寫入項城本紀，作天然論贊，項城九原可作，亦當引為知言，惜當時無人語與『當塗高』也！」

我因戲作詮釋曰：「今以嚴遂成詠桓溫詩句，比似項城者：一則當桓溫初誕，溫嶠一試啼聲，即許為英物，桓氏從此，便沾沾自肆，以為人莫我若，敢於為惡。正猶李合肥（鴻章）、李高陽（鴻藻）、榮仲華（祿）輩，亦均共許項城為傑出人才！於是項城，目無餘子，大逞野心。蓋溫李輩，俱未深察桓氏袁氏，乃亂世之梟雄也！二則因桓氏過王敦墓，即指墓中物曰：『可人！可人！』其景仰與步武奸雄之忱，了無遮飾。而項城一生，亦不願居人下。倘令其過鄴城，睹魏武疑塚；過孟津，睹司馬文宣王崩墳，恐其指稱「可人」而外，或且毫不客氣，大笑孟德（曹操）、仲達（司馬懿）不知及身稱帝，聊以自娛，而相與效周文王，以服事殷，為古今之兩大蠢材！記得我民國十七年（一九二八），因駐軍洛陽，往遊孟津，過司馬塚詩，有：『黃河一瀉三千里，淘盡英雄剩渣滓』句，此種渣滓，吾謂應由項城煞尾，以絕跡於天下後世，丈謂如何？」

曾氏卻搖首曰：「難言也！實因此故宮寶座，太迷人也！吾人遊賞其間，對此迷人寶座，明知無份，然心嚮往之之念，不自覺而生於剎那之頃；則後有大力如項城者，鼎可問時，又安知不敵頊城第二？至少，亦必無形中增其『眷戀魏闕』與『壟斷獨登』之心。倘能原心略跡，固不應獨責項城，而項城為最能心賞此故宮與寶座者。」

孝威將軍入寶山空手還

曾氏小停復曰：「我因此又想起一位同鄉朋友，此友為誰？即陳向元孝威將軍是也。我想，當今軍人，又有誰比吾孝威將軍更憨？獨能登寶山而毫不動心，以徒手空還者！伊曾以泰寧鎮守使，從駐防迄於持節，守護清室西陵諸陵，為期將近一載，及其卸職，諸廟重寶法物紛列，取其一二，即富可敵國；而孝威固一無所取。即一爵一簋之微，其部屬亦匪敢染指。其律一己、律部屬之嚴，為何如者？乃後來孫魁元（殿英）輩，一入東陵，即舉此無可比價之重寶法物，發掘罄盡以去。孫一刼匪，固猶不足深責；而當年保管宮古物之國家大員，或文化名流，聞亦閑偷摸偷運糾紛，則此憨將軍。固可清介自豪，以名重不朽。吾曾偶以此事語合肥，合肥笑許曰：『不愧為真將軍！』又偶以語又錚、揖唐諸人，亦均高其清操！但又錚卻露其英雄本色曰：『毋乃太惑乎？此君如遇項城，我可擔保其難望陞遷也！』

至鄭海藏與梁眾異諸人，則俱深許以為吾閩人之榮，且各為詩以美之。猶記得眾異題陳氏「西陵八景圖」二絕句曰：

其一：

大夫不解登高賦，兵衛空凝燕寢香。
多事陳侯標八景，盡驅形勝入篇章。

其二：

一官傳舍馬虺隤，便把江山簿錄來。
能為諸陵捍樵牧，故應遺愛有高臺。

蓋「兵衛空凝燕寢香」句，隱以比范希文窮塞主，即贊其「寶山空手」，獨能恪恭厥職也。後來抗戰軍興，陳氏首倡太平洋鼓吹集，其所為詩有：「台留燕趙悲歌地，室有羅邱問訊書」名句，即梁氏所稱「遺愛高臺」者。

我因憶錄曾氏之言。曾與陳氏談及泰寧往事，陳氏亦興感曰：「此吾軍人分內事也！憨則憨矣！心則泰且寧矣！求仁得仁，又何敢自許？惟今日神州，已告陸沉，吾民罹千古未有之浩劫，故人陷巨侵中者，則求死不得，言念及此，寸心如搗！斯則真不敢稍以北望，以一訊吾台之尚能巍然獨存否也！」

余笑慰之曰：「丈新春開筆，贈星系報賈兄詩，不有：『星系霸權齊國大，象台座位魯公儀』句乎？言為心聲，無意中，得此『四威儀』大句，不惟燕趙之台必存，即中原之復可預期也。抑余猶有寤寐不能忘懷者，，即雲霈丈以耄耋高齡，而留居於非復入境之地，是為可念，卻愛莫能助，又奈之何？」

（原刊於香港《春秋》雜誌第六〇一期，
一九八二年七月十六日出版，第二一一—二五頁）

附錄
《段祺瑞秘史》

中華民國九年十一月出版

段祺瑞秘史

信史編輯社印行

段祺瑞秘史目錄

段氏三次組閣之政策記

段氏第一次組閣
停止兌現之逼迫
輔佐黃陂
爭執新舊約法
恢復國會
政治之革新
府院衝突之原因
對德絕交
討平復辟
第二次組閣
平南計畫之失敗
辭職下野之經過
督辦參戰
第三次組閣
實行武力平南與大借外債
馮段同時下野
參戰受勳

段氏失敗時代之實錄

組織安福部
更易豫督之被阻
直皖交惡
暗送長沙之陰謀
政潮起伏之內幕
對於曹吳之辦法
兵困總統府

段氏失敗時代之各路文電

段祺瑞傳檄通電文

段祺瑞乞和電文

段氏之軼事

段氏之家教

段氏之文藝

段氏之艷遇

段氏之請求剪辮

段氏之學習游泳

段氏之執法不屈

段氏之翻譯兵書

段氏之迷信夢兆

段氏之欺蒙張勛

段氏之崇拜孫中山

段氏之遵養時晦

段氏投閑後之謠諑

段氏之清廉自持

段氏之篤於友誼

段氏之嗜好

段氏之主張不定

段氏開會時之面紅耳赤

段氏之自殺不死

段祺瑞秘史

段氏出身之小史

瀨江濁物編輯

段祺瑞小傳

段祺瑞。安徽合肥人。字芝泉。畢業於北洋武備學堂。袁世凱治兵小站。以教練之事。專任祺瑞。其後近畿諸軍。皆所經始。故北洋軍官。半爲其弟子。旋以統制。代王士珍爲江北提督。辛亥革軍起。授第二軍軍統。逗留豫境。按兵不動。繼受袁指。聯絡諸將領。電逼清帝退位。入民國。爲陸軍總長。外出督鄂。未幾。仍還任。以反對帝制。爲袁克定所譖。不自安。假五月九日日約簽字事。通電主戰而去。滇粵起義。段使曲同豐入陝。說陳樹藩逐陸建章。袁竟憤死。黃陂繼位。段氏當國。納梁啟超議。主絕德。元洪不謂然。交爭益烈。黎不能堪。竟罷其職。於是皖浙獨立。段則駐津觀變。討復辟。敗張勳。再爲總理。引徐樹錚等參密謀。時南方聲言自主。段思排斥異己。遽以傅良佐督湘。而范國璋、馬玉祥等。承馮旨退師。復解總理任。樹錚游說作霖。率奉軍入關、國璋懼甚。乃邀段再出。嗣以吳佩孚、馮玉祥等。頓軍主和。知南方終不可平。乃組織安福部。運動東海出山。而與河間同時下野。惟以加入協約功。仍為參戰督辦。歐戰告終。改任邊防督辦。又引徐樹錚任籌邊使。編練邊防西北兩軍。靳雲鵬組閣後。與安福系時起齟齬。段亦不慊於懷。遂以避政潮為名。退居團河。靳本隸段氏門下。因惡小徐之跋扈。轉而趨附直派。迨受制安系。憤而辭職。直派各督。遂分電挽留。吳佩孚更撤兵北旋。於是兩派暗爭益烈。遂致開戰。及軍事失敗。自請處分。雖得東海之袒護。可無他慮。而生平之英名盡喪矣。

家世述畧

段祺瑞。字芝泉。安徽合肥人也。父名某。以農為業。嘗租同邑周氏之田。為之耕稼。周氏子有名盛波。盛傳者。為淮軍將領。以平髮匪功。累遷至提鎮。祺瑞父亦從周氏軍。為哨官。後以勞績。擢管帶。段氏起家行伍。頗重軍事學識。故祺瑞亦肄業於北洋武備學校焉。有弟曰祺勳。亦習陸軍。為日本士官學校畢業生。歸國後。納貲為道員。碌碌無所建白。不及乃兄多多矣。段氏自入民國。曾三組內閣。其勢力之盛。炙手可熱。舉全國豪貴世祿之家。皆莫與京。惜祺瑞性情剛愎。袒護私人。致使一敗塗地。可悲也已。

幼年時代

祺瑞生而聰穎。性頗强韌。年七歲。就學於家塾。不甚注意于學業。惟喜施拳弄棒。學習武技。嘗與羣兒削木爲兵。揭竿爲旗。分爲兩隊。作戰爭之狀。已則執刀指揮。動作進退。頗覺合法。師固耆宿。雖知其戲。亦不禁止。第謂之曰。將家子弟。自宜深通行兵布陣之法。但不讀詩書。則一勇之夫耳。爾宜識之。年既長。入北洋武備學堂。回憶師言。攻業頗勤。學期試驗。輒冠其曹。而聲譽蜚然矣。

學生時代

段祺瑞肄業於武備學堂。力學不倦。聲譽雀起。與王士珍等齊名。時有王龍段虎之稱。畢業之時。適値滿清銳意治兵。効法歐洲。改良軍政。其時陸軍之最善者。無過德意志。中國練兵伊始。思欲取法于德。乃資送學生赴德。練習陸軍。滿人之挑送留德者。爲蔭昌等。漢人則段祺瑞。其選也。祺瑞至德。既習歐西軍學。復與彼都人士。時相周旋。呼吸海外之空氣。亦既有年。由是學識大進。思想日新。慨然有澄清祖國之志焉。比及歸國。遂任北洋新軍教練。而造成今日之軍閥團體矣。

段氏在前清時代之事實記

任新軍教練

北洋練兵。爲段祺瑞一身事業之始基。而總其大成者爲袁項城。蓋中日一役。割台灣。賠兵費。清廷耻之。思發奮自强以湔此辱。袁氏特建議創辦新建軍。以圖自强。乃以小站爲軍區。小站者在天津大沽之間。李鴻章爲直隸總督淮軍嘗駐紮於此。故袁氏指定爲軍區焉。然袁氏雖爲建議創辦之人。而軍旅之訓練。則由祺瑞任其職。蓋當時之富於軍事學識者。段氏號爲第一。而爲人之幹練。性情之沉毅。尤爲袁氏所信任。故新軍教練之事。一以委之祺瑞。於是北洋將領。太半出於段氏之門下。而北洋軍系。遂有舉足重輕。左右一世之概矣。

陞任新軍統制

段祺瑞既任教練。新軍制度。大體已具。乃更於德州置兵工廠。以備軍需。卒成北洋新軍七鎮。而以舊日將校。分充統將。每歲濫支三百餘萬之巨資。以貢獻清廷之內用。其賄事李蓮英。慶王奕劻等之需費。皆取給於是。津貼軍官之費。亦取給於是。當時新軍之待遇甚優。標營排隊諸長。雖干犯軍紀而陽撤其任。陰仍給以津貼。且得委為聽差員。如遇出缺。仍得補還。其寬大如是。故將士歸心。而袁氏遂執北洋軍界之牛耳。

提督江北

段氏教練新軍既成。身為統制者有年。旋代王士珍為江北提督。江北地廣民殷。又扼長江之衝要。而伏莽四潛。頗資綏靖之才。清之末葉。曾建議改設行省。與江南之境。畫疆分治。故提督體制甚崇。居是職者。必為當世所倚重。蓋江北提督。兼兵部侍郎銜。儼然具巡撫之資格。非資望兼優者不能希冀此位。王士珍丁艱去職。段祺瑞得被簡任者。實項城汲引之力。亦所以酬治兵之勳績也。

任第二軍軍統

段氏任江北提督之時。革命黨人。多聚於長江流域。故南方之空氣。與北方迥異。

段氏自居江北。久吸南方之空氣。所轄軍隊。其中下級軍官。半受段氏之敎育。或爲陸軍士官生。故自軍官以迄徵兵之下士。類無不富於革命思想。聲氣相求。已匪朝夕。迨武昌起義。而清廷乃授段氏爲第二軍軍統。欲其剷除革黨。豈可得乎。故雖與馮國璋同時任爲軍統。居然按兵不動。而馮國璋則統第一軍。攻陷漢口。縱軍焚掠殺戮。慘無人道。不特人民銜之切骨。即外人之目擊者。亦同深憤嫉。怒清軍之殘忍。相率左袒民軍。以成停戰議和之局。故革命之成功。間接促成之者爲馮國璋。直接促成之者爲段祺瑞也。

任軍統後之舉動

武昌起義。蔭昌奉命南下。不敢進取。乃密疏請起用袁世凱。清廷遂命袁氏督師。而召蔭還京。袁氏受命。即以馮國璋帥第一軍。段祺瑞帥第二軍。皆歸袁節制。於是段祺瑞之第二軍。暫駐備策應。馮國璋則帥第一軍南下。與民軍戰於漢口之南。民軍敗退。馮軍攻下漢口。大肆焚掠。繁盛之區。盡付一炬。遂陷漢陽。據龜山。攻武昌。武漢之人民渡江而南者。輒爲清軍所擊斃。男婦老弱。斷肢絕體。哀號之聲。

聞者酸鼻。外人目擊情形。憫地方之糜爛。乃由駐漢英領事。出爲介紹。商議停戰。是時袁世凱已爲內閣總理大臣。即順外人之趨向。陰飭馮軍停戰。又授意段祺瑞節制所部。待時而動。一面奏請清廷。雙方議和。解決時局。段氏本不肯與民軍鏖戰。既受袁氏之意指。愈益鎮靜。以覘議和之趨勢矣。

贊成共和

議和問題。既已決定。北方派唐紹儀爲袁總理代表。南方以伍廷芳爲黎都督代表。雙方開議於上海。南方提出之條件。大綱有四。(一)推倒滿清政府。(二)主張共和政體。(三)禮遇舊皇室。(四)以人道主義待滿人。此四者。則爲伍氏唯一之主義。而唐氏唯一之旨。則在第一任總統。必選袁氏。爲推翻清室。承認民主之交換條件。南方則恐共和之不能成立。故先舉總統。組織臨時政府。以求主義之實現。袁氏則怒南方之不守密約。而專電責問。於是往返電詰。各不相下。而和議幾乎決裂。當此往復討論之際。清廷之各親貴。如載濤、載洵、載澤、善耆、良弼等。對於共和。均極端反對。尤以良弼爲最甚。不特仇敵南方。且甚猜忌袁氏。蓋漢陽之役。

雙方停戰主和。及分派代表。皆出袁氏之陰謀。明眼人早已窺破。及國體問題發生。袁氏正爲滿人猜忌之時。不能有所表決。清廷乃分遣軍隊攻山西。奪娘子關。入太原。窺皖北。倪嗣冲復率其所部。馳騁於潁亳之間。一面集兵河南。一面徵師甘肅。將遙合兩地軍隊。爲夾攻陝西之計。袁內閣遂陷於擱淺之地位。此皆宗社黨魁良弼所主持也。於是民黨彭家珍刺死良弼。宗社黨始人人自危。不敢倡言反對。然各親貴王公。猶冀保全君體。每當開會。猶復紛呶不休。孫文雖爲臨時總統。設立臨時政府於南京。祗以滿清帝號。猶保殘喘。未能告完全統一之功。若復遷延時日。則內政外交。愈將不堪設想。乃於此時。忽得一有力者。出而斡旋。而清帝於是退位。民國於是統一。共和於是告成。其人爲誰。即第二軍軍統段祺瑞也。段祺瑞本爲主張革新之人物。其任江北提督時。每存改進政治之意。惟處於專制政體之下。不敢有所提倡。際此大局飄颻之候。段氏慨國體之久懸。憤貴族之牽掣。乃奮然崛起。聯合統兵大員四十二人。以贊成共和之電忠告清廷。電中大意。謂人民心理。傾向共和。應請早日退位。宣布共和。以定大局。而免生靈塗炭。並附以最後之警告曰。如各親貴尙懷疑懼。或以共和爲不利。祺瑞當卽帶全隊入京。與各親貴剖陳利害等語。於是各貴族王公皆倉皇失措。不敢更執私見。淸隆裕太后遂以決大計之權。授之內閣袁氏。袁乃逕電伍廷芳。謂今日始有權討論優待皇室條件。共議淸室退讓以後之事。雙方遂議定淸帝遜位後優待之條件。共八欵。(一)淸帝遜位後。不廢尊號。待以外國君主之禮。(二)皇室優待費歲四百萬。由民國給付。(三)淸帝遜位後。暫居宮禁。侍衛照常留用。(四)淸室宗廟陵寢。得永遠奉祀。(五)德宗崇陵工程。及奉安典禮。悉如舊制。其所用經費均由民國支出。(六)宮內各執事人員。照常留用。惟以後不得再招閹人。(七)淸室私產。由民國特別保護。(八)原有禁衛軍歸民國陸軍部編制。餉額均仍其舊。此項條件議決後。以正式公文通告。並照會駐京各外使。由是淸帝卽日退位。而民國得以完全成立。此實段氏之功也。

段氏在民國時代之事實記

初任陸軍總長

段祺瑞雖久仕清廷。爲清室統將。然奉命南下。未嘗以一矢加諸民軍。及國體未定之時。復首先聯合諸將。通電贊助共和。促成遜讓之局。則段氏之對於故君。固不屑爲一姓之忠臣。而對於民國。實有翊贊之殊績。惟臨時政府成立。孫文爲第一次總統。臨時內閣之組織。純係南方人物。與段祺瑞等之北洋系。絕對不生關繫也。及清帝退位。南北統一。孫文辭職。乃推舉袁世凱爲總統。孫之所以讓袁者。其故有二。(一)唐紹儀南下議和之初。即約定第一任總統。必選袁氏。(二)清帝退位之詔。復有由袁世凱組織臨時政府之言。故也。況孫氏受職之初。曾有俟專制政體既倒。文當辭臨時大總統之宣誓。其後袁氏又屢電孫文。盛稱共和政治之優美。表示其贊成之意。孫氏自以才識智力。弗逮袁氏。遂提出辭職書。舉世凱自代。略謂當本總統受任時。曾有宣誓。今清帝退位。南北統一。本總統當踐誓言。辭職引退。又謂民國締造。首恃總統之得人。今者統一之功。袁君之力居多。其發表政見。又絕對贊成共和。舉爲公僕。必能盡忠民國云云。蓋孫總統自以久歷海外。於中國情勢。未能熟諳。且信袁爲富於政治經驗。必能經理民國。措置得宜也。

於是臨時參議院。遂開選舉大會。十七省代表。以十七票之全數。一致選袁爲臨時總統。袁既受任。南京政府。遂同日取銷。南京之臨時國務員。亦一律解職。政府當重行組織。袁氏乃依臨時約法之規定。任命國務總理。改組新內閣。以和議之告成。南北之統一。唐紹儀實爲功首。贊助共和。磋商條件。周旋於民軍之間者。亦惟唐氏。故唐在當日頗得南北之歡洽。而其人則純粹袁系也。袁氏熟審當時之情勢。而提出唐紹儀爲國務總理。臨時參議院。投票表決之結果。竟多數通過。唐氏遂爲統一政府第一任總理。總理既得。卽當提出國務員。著手組閣。唐氏遂列席參議院。提出各部總長名單。請求同意。其姓名如下。 外交總長陸徵祥。 內務趙秉鈞。 財政熊希齡。 陸軍段祺瑞。 海軍劉冠雄。 司法王寵惠。 教育蔡元培。 農林宋教仁。 工商陳其美。 交通梁如浩。

參議院投票表決。除梁如浩未予通過由唐總理兼攝外。餘均同意。唐內閣遂完全成立。而段氏遂第一次入閣。爲陸軍總長矣。

代理國務總理

段氏與袁氏之感情。最爲融洽。故半年之內。三易閣員。而段氏之陸軍總長未嘗搖動。及宋案發生。趙秉鈞稱病不出。揆席需人。袁氏環顧朝右。惟段氏爲己之心腹。遂以之代理總理。乃段氏代理之初。即起風潮。而陷於困難之境。蓋自臨時政府成立以來。非借款無以維持生活。故有所謂小借款大借款者。小借款所以救一時之急。大借款則謀財政上之整理者。其名義固甚正當。即參議院亦知財政爲當今急務。凡政府提出借款案。無不悉予贊成。故政府亦不感覺困難。每逢借款。必在立約簽字之先。將交涉情形。報告於國會。即如倍克利公司借款。雖經政府先行簽字。仍將全案交國會。咨請正式通過。故國會對於借款。從無反對之發生。自元年九月。財政總長周學熙開列借款辦法。及要求條件。報告於參議院。院中以該項條件。僅爲政府之一種報告。並非爲政府之提案。無會議之必要。遂即鄭重聲明。至二年四月。政府與五國財團。締結善後借款合同。不先交國會議決。遽行簽字。簽字後。復咨請國會查照備案。參議院以此項合同。未經交院通過。遽行簽字。認爲違法。其時趙已請假。國會遂請段代總理出席質問。段氏原任陸軍。

於簽字命令。本無關係。惟身處代揆。不能不出席答復。當議員質問之際。段氏雖承認為政府手續未完。而事實上已無可挽救。及趙秉鈞、周學熙、正式免職。而此案遂作無形之結束。然違法簽字之案。雖已結束。而袁氏仍利用進步黨以制反抗者之舉動。參衆兩院之黨人。雖屈於袁氏之強制。而二次革命。卒以此而引起。江西都督李烈鈞。安徽都督柏文蔚。廣東都督胡漢民。於善後大借欵反對尤烈。袁氏大怒。於罷黜三督之餘。復遣李純驅兵九江以示威。李烈鈞遂據湖口起兵。馳檄遠近。歷數袁氏之罪。於是浙、閩、湘、粵、皖、先後響應。黃興入南京。逐程德全而代之。袁氏即命段芝貴師第一軍。馮國璋師第二軍。南下作戰。當此戎馬倥傯之際。段氏以陸軍總長代理總理。事繁任重。乃請袁氏速任總理。至七月杪。而熊希齡內閣出現。段氏始回陸軍本任云。

段袁之齟齬

段祺瑞與袁項城。自前情時治兵小站。即相契以心。迨袁氏踣覆滿清。身任總統。亦藉段氏襄贊之力為多。乃以數十年之故交。一旦竟啟齟齬。幾致凶終隙末。其咎實在袁氏也。袁氏自執政以來。為之股肱心膂者。除趙智庵外。厥惟段氏。段氏亦盡力報效。不負所託。故二次革命。不久悉平。運籌決勝之功。太半出於段氏之借箸。乃各省底定。袁氏忽萌盜國之心。竟作皇帝之夢。阮忠樞等逆揣其意。乘間以說段氏。段氏厲聲斥之。阮退而告克定。克定恨之。乃譖段氏于乃父之前。而袁段遂積不相能矣。

出鎮武昌

武昌據長江之衝要。形勝所在。有舉足重輕之勢。黎元洪以副總統。坐鎮武昌。為東南之保障。軍民傾心。實袁氏所深忌。惟以黎氏柔懦無遠圖。故暫置之。況二次革命。黎復陰助北軍。李純等傾兵南下。順流無阻。黎氏實默相之。袁感其義。遂竭力與之結合。黎氏始得安於其位。迨帝制議起。遣人示意於黎。黎則默示反對。袁氏忌之。遂陰嗾駐鄂之北軍。勿受黎氏節制。黎不自安。密請入覲。乃派王家襄等。親至武昌。甘言厚辭。以迎黎氏。而命段祺瑞兼領湖北都督。蓋段氏久典軍樞。反對帝制。與袁克定等積不相能。恐其患生肘腋。故假都督武昌之事。先使其離開陸軍部。為釜底抽薪之計。段氏既以陸軍總長。兼領湖北都督。對於黎之部下。則稱暫攝。且以副座行將返旆。宣示大衆。而都督之職。等於虛攤。對於陸軍部。則名雖眞除。而身實遠處武昌。有鞭長莫及之概。段氏此時。虛懸兩地。雖欲反對帝制。亦無實力以為憑藉。而袁氏之盜國。乃一無顧忌矣。

助勦白狼

袁項城既命段氏都督湖北。復以武昌地方重要。又不欲段氏久居。至翌年二月。即令段氏回京。而以段芝貴署湖北都督。猶恐其返陸軍部本任之後。多所反對也。乃命之助勦白狼。其時之豫督。為張鎮芳。其人闒茸無能。以其為項城之表親。故任為河南都督。到任之後。日惟吸食鴉片。或與僚屬點籌縱博。自夜達旦以為樂。而白狼遂陷光山。破商城。圍固始。旁流於安徽六安霍山之間。袁政府乃乘此機會。命段氏沿途助勦白匪。蓋既欲其交卸都督。又欲其逗遛京外。而帝制黨始可慘淡經營。亭毒於京內也。

初次下野

袁氏假造民意。籌備帝制之初。徐東海謂袁氏曰。凡事當熟計利害。萬一半途而廢。將何術以轉圜。袁氏卒然曰。國中有權力者。豈亦反對此舉乎。徐曰。段祺瑞從公最久。已首先反對。他可弗論。袁氏爲之憮然。乃益信克定等之譖。段爲不謬。一面嗾楊度等建設籌安會。一面罷段祺瑞陸軍總長。而代以王士珍。王與段同爲北洋將帥之弁冕。又與段氏先後任江北提督。其學識資望。有並世瑜亮之目。清帝退位。王士珍即避居不出。此時經袁氏之敦勸。出而代段。段去而楊度、孫毓筠、嚴復、劉師培、李燮和、胡瑛諸人。竭力製造輿論。運動各省贊成帝制。而洪憲年號遂頒布矣。

主張對日宣戰

段氏既去職下野。袁氏復猜忌之。不許出京一步。且時時偵察其行動。段氏至是。幾失去其自由。袁氏盜國之惟一政策。在聯絡日本。日人乘勢以二十一條最苛之密約。要求中國承認。並以最後通牒。迫壓政府。依限答復。袁氏急於稱帝。竟允日本之要求。以爲承認帝制之交換條件。段氏既反對袁氏稱帝。又憤日人之有挾而來。遂通電各省。主張與日本宣戰。然各省將帥，均懾於袁氏之威權。且安富尊榮。不願開釁強敵。故段氏通電。不能發生效力。不過藉以洩憤耳。袁氏聞而笑曰。芝泉老友。去則去耳。何必出惡聲哉。由是益忌段氏。而監視更嚴矣。

阻撓兵機

袁項城罷免段氏。毅然稱帝。以爲莫予毒矣。詎知段氏罷斥之後。北洋軍系。人懷疑貳。而滇軍又復倡義。直入四川。湖北軍隊。且有暴動之耗。項城知滇中軍事。非空言所能補救。乃積極用兵。以爲開國武功之紀念。遂召集軍事會議。議決分三路擊滇。以湖南爲第一路。四川爲第二路。廣西爲第三路。分道進兵。命曹錕爲第一路司令。由湘經黔。向雲南進攻。張敬堯爲第二路司令。由川進窺雲南。龍覲光爲第三路司令。統粵桂兩軍。由百色間道入滇。袁氏以爲兵力極盛。規復滇黔。不能難剋日成功。不料段氏雖已下野。而對於統兵將帥。威信猶存。且反對帝制之決心。尤爲諸人所共諒。曹張之效命袁氏。強半面從。復經段氏於暗中竭力阻遏。勿使進兵。故統率辦事處日促進兵。而前敵益形迂緩。項城無可如何。屢以爵賞寵錫敬堯。而敬堯則受段氏之意旨。但受賞賚。而不進師。惟頓兵瀘州。佯作戰備而已。既而張敬堯且通電政府。請起用段氏。而李純、靳雲鵬、馮國璋、張勳、朱瑞等。更聯電促袁取消帝制。以安人心。黎元洪亦勸世凱起用段氏及徐世昌以收拾時局。於是段氏登臺之機。乃漸熟矣。

推翻洪憲

段氏生平之功業。以反對帝制爲最盛。而其沉毅堅忍之性質。亦以此事而益著。蓋段氏富於自信力。心以爲是者。必欲貫澈其主張。心以爲非者。威武不能移其志。故北洋派稱之爲虎焉。段氏嘗言平生與項城有特別關係。故遇事無不表示服從。惟稱帝一事。則反對獨烈。而項城不知段氏之性質。以爲段氏既罷。且沮之於圍城之中。無權無柄。不能有爲。且有海陸軍統率辦事處。總攝戎機。發縱指示。無慮掣肘。故蔡鍔起義雲南。項城則謂有陳宧在川。湯薌銘在湘。不以爲慮。俄而黔叛。俄而川叛。雖遣曹錕張敬堯領兵南征。而軍隊到處騷擾。至引起湘鄂兩省之惡感。且密受段氏之意。頓兵不進。袁氏已處形格勢禁之境。而陳樹藩又受段旨。逐陸建章於陝西。晉豫之交。皆有岌岌不可終日之勢。于是黎元洪忠告袁氏。謂欲挽危局。非起徐段不可。蓋徐段皆袁之至交。以不附帝制。棄袁而去。此時若幡然變更。撤銷帝號。不特徐必效命。即段氏亦必念平日知遇之感。不忍坐視也。袁氏知事不可爲。乃以手書邀段徐入宮。共議大計。力請段氏重入樞府。挽回大局。徐氏許之。乃免陸徵祥職。以徐爲國務卿。而任段爲參謀總長。段雖受命。仍慮曩者反對劇烈。猜嫌未釋。頗不自安。決於徐世昌。徐力白袁氏無他意。請勿懷疑。從速收拾時局。段始出而任事。由是洪憲帝制。遂推翻矣。

段氏三次組閣之政策記

段氏第一次組閣

袁項城取銷帝制。起用段徐。爲亡羊補牢之計。徐任國務。總攝政樞。段爲參謀總長。指揮軍事。宜可以移回時局。平息爭端矣。卒至戰禍相尋。挽救無效者。蓋有兩大原因焉。(一)袁氏雖撤銷帝制。而仍爲總統。以謀叛民國之人。而爲民國之元首。何以服天下之心。此南方之所以必不承認也。(二)段氏雖任參謀總長。殊不足以盡其才。且統率辦事處。尚未取銷。事權不一。尤不能竭力發展。告厥成功。徐世昌初任國務卿時。頗以調和自任。先與段氏聯銜。電致蔡鍔陸榮廷等。謂帝制取消。請圖善後。而蔡鍔不答。又聯段氏電馮國璋。請其擁護中央。力任調和而羽書旁午。迄無成效。徐乃勸袁規復內閣制。以回民意。並謂段氏與北方將帥。情誼最孚。軍事擘畫。尤所擅長。若任爲總理。必能收拾時局。袁亦自知已爲怨府。不能總攬政權。遂委段氏爲國務卿。名曰責任內閣。以示脫去總統制。而新全國之觀聽。於是段氏出而組閣。發表閣員如下。

國務卿段祺瑞　陸軍總長段自兼　外交陸徵祥　財政孫寶琦　內務王揖唐　海軍劉冠雄　交通曹汝霖　教育張國淦　農商金邦平　司法章宗祥

以上所列閣員。除段氏之外。皆屬帝制餘孽。故有帝制內閣之稱。段氏雖兼陸軍。而財政交通兩部。皆爲梁士詒黨羽。財政全權。悉操於梁氏。軍事全權。又操於統率辦事處。段氏之責任。惟在調停南北而已。段於就職之後。通電獨立各省。宣布其性質與義務。(一)段內閣自認爲過渡性質。雖兼陸軍。然確非軍樞主義。(二)對於南北兩方均負責任。(三)既有責任。卽有特別政權。不受總統及他方之牽制。(四)非拋棄國會實以國會於倉猝間不能成立。(五)南方要人前曾推舉爲閣員而皆不肯來京。故暫由在京者遴選組閣。段氏以此通告南方。仍無效力。惟夙興夜寐。爲袁轉圜而已。

停止兌現之逼迫

段氏組閣之初。卽有停止兌現之院令。此令之發表。本非段氏之主張。實出於梁士詒之碩畫。梁於袁氏稱帝之時。爲籌八千萬之巨欵。以爲籌備大典之用。克定至九頓首以謝。故有大財神之名稱。南方舉義。袁欲用兵。費無可籌。梁獻交通銀行以爲後路。不足。則取給於中行。中行總裁李士偉。不肯奉命。乃去李而代以薩福懋。更以周自齊爲中行監督。於是中交兩行。遂同袁氏之私庫。基金現欵。任意提用。濫發紙幣。吸收現金。以供揮霍。兩行內容。不問可知。帝制取消。梁氏恐人民覺察。必起絕大之風潮。乃倡停止兌現之策。先發制人。深夜持稿。迫段氏蓋印。段氏斯時。上制於袁。下迫於梁。閣員又皆梁黨。羣附梁議。段氏縱欲拒絕。亦不可得。遂頒院令停止中交兩行兌現。而北京之金融。遂大起恐慌矣。

輔佐黃陂

帝制取消。項城忿恨成疾。當病篤之時。飛電召徐世昌入都。以家事託之。對於國事。則命段氏請黃陂繼任總統。以謀調和。其遺令有副總統忠厚仁明。必能奠安大局等語。袁氏歿後。段請黃陂就總統之任。黃陂爲人溫柔敦厚。誠信素著。故繼任之日。全國慶幸。惟項城雖歿。而一般帝制遺黨。猶思乘機爲亂。謠言疊起。人心浮動。在京官吏皆紛紛遷移家屬。若有大禍之將至者。段氏一面派調軍警。竭力鎮定。一面擁護黃陂。宣誓就任。京師治安。得以安然無恙。實段氏策定之功也。

爭執新舊約法

黃陂繼任未久。忽有一極大之爭執發生。所爭惟何。卽新舊約法是也。南方以舊約法爲民國元年擬定之根本法。新約法乃袁氏私自所竄改。民國絕對不能承認。故欲恢復舊約法。以爲共和之基礎。軍務院以此相號召。國人多數贊同。卽馮

（此處為原稿印刷缺失）

國璋趙倜等。亦贊助南方。申電陳請。而段氏則主張沿用新約法。而加以修正之手續。故電致各省及岑春煊云。（恢復元年約法。政府初無成見。惟以命令變更法律。後患不可勝言。三年約法履行已久。一語抹煞。則一切法令。將受動搖。不能不再三審慎。）而南方復電則云。（三年約法。絕對不能視爲法律。且黎總統之繼任。及今國務院之成立。均根據於元年約法。一法不能兩容）段氏既得復電。猶不肯取消新約法。於是上海海軍。遂因此問題。宣告獨立。以武力促其覺悟。上海海軍。屬第一艦隊。勢力最厚。一旦有事。則取南京、安慶、武昌、南昌等處。易如拾芥。北京政府。聞變失色。乃由國會議員三百人。同時電告段氏。請其廢止新約法。以元年法律。爲根本之解決。段氏迫於公議。乃以黎總統命令恢復民國約法。新約法卽時廢止。而爭執始已焉。

恢復國會

段氏輔佐黎總統。主持內政。其惟一要務。卽爲統一南北。取消各省獨立。而其時尚有三大問題。爲之阻力。（一）新舊約法之爭。（二）召集國會。（三）懲辦帝制黨。

北政府爲速求統一起見。不得不順承南方之意。其第一問題。已有明令解決。第
二問題。亦由黎總統下令召集。畧謂（中華民國國會自三年一月十日。停止以
後。時越兩載。迄未召復。以致開國五年。憲法未定。大本不立。庶政無由進行。亟應
召集國會。速定憲法。以協民志。依臨時約法第三十五條。續行召集國會。定於本
年八月一日起。繼續開會。）此令一下。全國懽呼。由國會議員。張繼、孫洪伊、谷鍾
秀等。通電各省。提議自行召集國會。限期齊集北京。法定人數既足。參衆兩院同
時開會。大總統蒞會宣誓。國務總理暨閣員。一體蒞會。而統一之功告成。此實段
氏當國之惟一政績也。

政治之革新

國會既集。共和復活。由段氏依法組織責任內閣。如陸徵祥、王揖唐等。與帝制有
關係者。一律下野。而以唐紹儀爲外交總長。許世英爲內務總長。陳錦濤長財政。
張耀曾長司法。孫洪伊長教育。農商張國淦。交通汪大燮。海軍程璧光。陸軍則由
段氏自兼。合官僚、民黨、中立各派。而成一混合內閣。旋又改孫洪伊任內務。范源

濂任教育。汪氏不願入閣。以許代之。唐在南方。以陳錦濤兼署。張耀曾之司法。則由張國淦兼署。而段內閣遂居然成立。段閣既已成立。任事精勤。一意掃除袁氏舊制。當日政績。如改各省巡按使爲省長。廢止封爵條例。及國賊懲辦條例。附亂自首特赦令。糾彈法。皆以明令發表。旋又廢除文官秩令。卿大夫士之虛榮。至此遂一律褫奪。政治犯亦一律釋放。其他如統率辦事處。參政院。肅政廳。軍政執法處。凡屬於帝制時代之機關。均已撤銷。復承南方之意。爲懲辦禍首之表示。請黎總統下令。畧謂國體變更。全國紛擾。首禍諸人。實尸其咎。楊度、孫毓筠、梁士詒、顧鼇、夏壽康、朱啓鈐、周自齊、薛大可、均著拏交法庭。嚴行懲辦。其餘一概寬免。於是肇慶軍務院。亦同時由唐蔡等宣告撤消。而段氏遂爲重建民國之偉人矣。

府院衝突之原因

黎黃陂繼任。孫洪伊爲內務總長。爲公府所信任。而國務院方面。徐樹錚以陸軍次長。兼任秘書。二人積不相能。遂引起府院之衝突。蓋徐樹錚爲段之門人。有文武兼資之目。段氏以總理兼領陸軍。徐則以院秘書長兼陸軍部次長。儼然爲總理第二。孫亦同盟會健將。黎氏之不附帝制。孫氏之謀居多。既長內務。隱然執公府之牛耳。二人負氣。各不相下。遂成嫌隙。院中公牘。送府用印。孫洪伊輒指謫之。或加刪改。由是孫徐日爭意氣。膠膠擾擾。不可終日。樹錚則謂洪伊私通報館洩漏院中機密。孫則謂徐恃段勢。迫元首。互相醜詆。竟至大鬨。黎段不能制。乃迎徐世昌入都。爲府院之調人。老徐既至。則謂芝泉自信太甚。而黃陂左右非人。宜改絃更張。以杜禍患。乃決議免孫洪伊職。而使徐樹錚辭院秘書。府院之爭。於形式上雖告一段落。而段氏與黃陂之感情。終難融洽。及對德絕交之案提出。而黎段遂決裂矣。

對德絕交

歐洲戰爭。袁氏以專心帝制。無暇對外。僅宣布局外中立。及黎總統受任。段氏當國。用梁啟超之謀。主張加入協約。對德絕交。爲宣戰之預備。而黎總統則納左右之議。不允段請。府秘書饒漢祥。反抗尤力。黎段遂因外交政策。又大起衝突。段氏憤而出京。夤夜赴天津。幸馮國璋適在京中。多方調停。以承認對德絕交爲條件。

（此處為原稿印刷缺失）

段始還京。絕交之第二步。即爲對德宣戰。段氏力主加入協約。强迫議會。予以通過。黎之左右。如哈漢章等積不能平。慫黎逐段。段知其事。愈益憤怒。必欲貫澈國戰之主張。而黎總統始終不以爲然。國會亦表示反對。故段氏提出宣戰案於國會。即指使公民請願團。包圍衆議院。議員雖經包圍。仍議決從緩宣戰。段氏以國會之牽掣。爲黎總統之指使。遂由督軍團通電倡解散國會之議。黎總統不能復忍。毅然免段氏之職。而代以伍廷芳。段氏即日赴天津。發布通電。段派督軍楊善德首先獨立。倪嗣冲張懷芝等繼之。公推張勳帥師北上。而復辟之難作矣。

討平復辟

復辟之密謀。起於徐州會議。袁項城病歿。張勳即借擁護中央之名。開徐州會議。其議決之條件。第一則即爲尊重優待清室之成約。其次則爲固結團體。務取同一之態度。嚴整兵備。各保本省之治安。而復辟之密計。即隱括於此三種條約之中。及選舉副總統之前十日。張勳又開第二次徐州會議。名爲聯合各省區。籌議地方治安。實則對於復辟。爲進步之討論。於是公同議決。各守秘密。以待時機。迨段氏免職。張勳興師入京。遂以兵力解散國會。實行復辟。不謂在野之段前總理。竟偕梁啟超入陳光遠營。致電馮國璋。一致反對復辟。組織討逆軍。分道進攻。馮國璋得段氏之電。請布告就代理大總統職。馳檄遠近。從段討逆。其時討逆軍已佔領豐台。直逼京師。張勳軍隊。悉爲包圍。繳械投誠。另候編製。張勳知不可爲。乃乘摩託車遁入荷蘭使館。而復辟之舉。遂如一場春夢。悉歸泡影矣。

第二次組閣

段氏誓師討逆。致電馮國璋。請其宣告就職之後。卽於天津爲第二次之組閣。設立國務院辦公處。以爲行政之臨時機關。及張勳既遁。段氏入京。一面維持都門治安。一面規復舊制。天津辦公處。移至京師。從事部署。段氏之二次內閣。居然成立。乃通緝復辟要犯康有爲等。被逮之張鎮芳。則下之於獄。一面電催馮國璋蒞京。馮氏入京以後。段氏卽布告對德宣戰。從前之被沮於國會者。至是乃得貫徹其主張矣。

平南計畫之失敗

自段氏免職。而浙皖宣布獨立。自張勳入京。解散國會。而兩廣宣告自主。此南北分裂之由來也。迄乎復辟實現。段馮攜手。共和規復。北方雖慶再造。而南方則愈益反抗。馮國璋乃首鼠兩端之人。本畏段氏之剛毅專斷。故隨帶十五師爲拱衛軍。藉以禦段。而徐樹錚等。又以力仆張勳之功。專恣驕肆。國璋弗能堪。力謀所以排段者。段氏對於南方。主張用兵。故命傅良佐督湘。蓋良佐爲段氏之爪牙。段氏之使督湘。實欲保持湘省。爲平粵平桂之大本營。不意傅氏甫至。零陵鎮守使劉建藩。忽宣告獨立。以抗良佐。良佐麾下。僅有少數衛隊。戰鬬之事。專恃范國璋與王汝賢。此二人者。又皆附於馮氏。迨湘南風雲險惡之日。傅良佐遂爲范王所扼。左支右絀。不能指揮。及粵桂兩軍會師攻湘。奪寶慶。占衡山。王汝賢等。匪惟不助良佐。且陰受馮氏意指。電請停戰。以迫良佐。良佐棄湘而遁。於是段氏之平南計畫。遂遭一大打擊矣。

辭職下野之經過

良佐既逃。長沙亦陷。段氏之武力平南政策。竟大失敗。遂辭國務總理。而代以王士珍。士珍爲直派先進。學識資格。皆出段氏之右。爲人亦和平謹愼。不肯多事。馮國璋對於南方以和平爲標幟。反對段氏之武力主義。以王氏爲直人。與已有鄉誼之關係。且其資望可以抵制皖派也。故用以代段氏。王士珍既署總理。湯化龍、梁啟超、林長民、張國淦等。皆連帶辭職。而馮派遂占優勝。詎知段雖下野。而倪嗣冲、張懷芝等。會曹錕於天津。對於西南。一律主張開戰。以恢復段氏之政策。馮國璋知謀和不能成爲事實。又不甘服從段氏主戰之政策。乃思聯合直皖兩系爲一氣。以鞏固其勢力。故借出巡爲名。親赴長江流域。欲聯絡各督軍。爲之臂助。不意甫至蚌埠。倪嗣冲卽要求起用段氏。馮氏大窘。迫於倪之勢力。不能不允。遂匆匆回京。頒罪已之令。而治湘南失敗之罪。未幾。張作霖又受徐樹錚之運動。突領奉軍入關。截奪軍械於秦皇島。徐樹錚自稱奉軍副司令。率兵分駐於獨流、廊房、灤州、等處。以逼馮氏。馮大恐。乃復任段氏爲內閣總理。以解圍。

督辦參戰

袁項城對於歐戰。中國僅宣告守中立而已。袁氏歿後。段氏當國。合肥對於

（此處為原稿印刷缺失）

絕交案。黎黃陂既示反對。國會復不贊成。段氏費多數之手續。始得通過絕交案。第二步即提出對德宣戰。而黎總統與議會。均明示反對。其結果竟致段氏免職。而釀成復辟之風潮。此匪特黎氏之所不料。亦段氏之所不料也。黃陂下野。段氏乃貫澈對德宣戰之政策。遂以明令發表。而形式上之手續。始告竣事。然南北之紛爭未已。馮段之齟齬方興。湘戰既啟。內訌交作。傅周潛逃。長岳失守。段氏不安於位。遂辭總理之職。馮氏以王士珍代之。而任段爲參戰督辦。于是參戰事務處始告成立。然中國實力不充。參戰督辦。不過對外之名稱而已。故事務處成立以後。其最著之成績。則向日本國借得大多數之外債而已。其次則輸出糧食以供應與國之需求而已。又其次則遣國人爲歐洲力役而已。若軍事上之參與。與軍隊之出發。則無異紙上之談兵也。參戰云乎哉。

第三次組閣

段氏下野。其門人徐樹錚。佐段鼓吹主戰。始則奔走徐州蚌埠之間。要結倪氏。繼則往奉天游說張作霖。以副總統爲條件。作霖初不之答。旋得東海之援助。遂一意助段。而劫械稱兵。作示威之行動。徐樹錚又與楊宇霆、翁之麟、組織奉軍司令部。分駐奉軍於近畿。外託征湘之名。內拊河間之背。馮氏惕於肘腋之危。不得不請段氏組閣。以釋隱患。段氏既出。乃任命陸徵祥長外交。錢能訓長內務。海陸軍與農商部則仍其舊。交通兼財政曹汝霖。司法朱深。而第三次之段內閣遂完全成立矣。

實行武力平南與大借外債

段氏重握政柄。一意用兵。張懷芝自告奮勇。以平湘爲己任。率兵赴敵。力圖進取。而中途患病。退至漢口。以便養痾。詎知一進一退。軍心已懈。南軍遂得乘隙而入。利用間諜。由攸縣進兵。直撲醴陵。懷芝全軍潰散。倉皇北返。而曹錕乃率兵南下。曹於臨行之時。與馮氏約。戰事以湘省爲限。長沙得一。卽爲止境。以造成不戰不和之局。故陳光遠之效命。王汝賢范國璋之力戰。克岳州復長沙。皆屬馮派之活動。並非爲段氏致命疆場也。然用兵之成績。不過如是。而需索餉項之使。反道路相望。段氏兩手空空。仰屋興嗟。不得不利用曹汝霖陸宗輿等借貸日金矣。計其所借之欵。除以前財交兩部之三千萬元外。復有電信借欵二千萬元。順濟鐵路借欵二千萬元。吉會鐵路一千萬元。吉黑林礦三千萬元。善後借欵一千萬元。中日滿蒙四路。及高徐順濟兩路。各二千萬元。先後不過四月所借日欵。已如是之鉅。而英美外債。尚不在內也。中國安得不破產乎。

馮段同時下野

段馮雖同爲袁系之要人。而性行事業。絕不相侔。以才力言。馮固不如段。以私德言。馮尤不如段。然同爲北洋軍人之弁冕。故不得不互相聯結。以鞏固北洋系之勢力也。及馮爲代理總統。段仍視之蔑如。馮不能忍。而又不敢顯與反對。故出其陰謀。嗾使范國璋、王汝賢電請停戰。而段派之傅良佐。貪夜潛逃。南北之局勢一變。而馮段之惡感。亦日深矣。於是梁士詒王揖唐等。包辦政黨。擁段爲黨魁。選徐世昌爲總統。並馮氏之副總統與江蘇之督軍。亦同時打消。段氏本有成言。願與馮同時下野。至是亦辭去總理。以踐前言。

參戰受勳

段氏發起參戰。惹起全國之風潮。以致南北分裂。受害無窮。豈尚有功勳之可言。然平心論之。當日無段氏對德宣戰之主張。則歐戰告終。中國對於世界之趨勢。其困難又當如何。是段氏之加入協約。又不可謂無功也。故歐洲各國宣告對德休戰。舉行慶典。我國亦開慶賀協約國戰勝大會。及協約國開和會於巴黎。我國又特委陸徵祥、顧維鈞、王正廷、施肇基、魏宸組、充參與和會全權委員。雖山東問題。仍受日本之束縛。有失地喪權之辱。而顧陸二使。鑒於國內之激昂。拒絕簽約。冀為異日轉圜之地者。又皆由參戰而獲得也。使無此舉。我國且不得列席於和會。更何有德約之拒簽哉。至八年七月。改參戰處為邊防事務所。而段氏之對德政策。乃完全結束。故對奧和約簽字之後。論功行賞。參戰處辦事各員。皆以次給予勳章。而段祺瑞則以參戰殊功。授一等勳位焉。

段氏失敗時代之實錄

組織安福部

安福俱樂部者。段合肥用徐樹錚之謀。以反抗馮河間者也。蓋自馮河間為總統後。段合肥雖爲總理。事事爲其掣肘。不得如意。心頗憾之。徐樹錚。夙爲合肥之謀主。窺見其隱。乃召王揖唐共商箝制河間之策。揖唐笑曰。是何難。現在選舉總統之期將屆。祇須辦一政黨。選舉老總爲總統可矣。揖唐非敢自詡。對於此事確有十分把握。惟經費無從出耳。君苟以巨資畀余。可反掌而成也。徐卽於某銀行中取欵八十萬畀之。此欵爲復辟失敗。合肥入都柄政時。某某等所獻。合肥却而未受。亦未歸還。小徐卽利用之。以爲經費。亦未稟白合肥也。揖唐旣有巨款。遂竭力進行。不數日而禍國殃民之安福部遂成立矣。

更易豫督之被阻

自段氏命王揖唐組織安福部之後。而北洋系遂顯揭直皖兩派之旗幟。各爲地盤之競爭。就兩派地盤而論。直派奄有長江數省。足以控制中原。似較勝於皖派。皖派雖據京畿爲巢穴。寄心腹於各省。而形勝上實不如直派也。自河間謝世。直派無人領袖。皖派遂乘間抵隙。擴張其地盤。而首先發難者。卽令吳光新移師豫境。驅逐趙倜。以打破直曹與長江三督之聯絡。且杜絕吳佩孚北歸之路。一面又可與蚌督遙相呼應。其計固甚得也。直派知皖派相煎之急。羣起阻之。且別出奇計。結好奉張。暗締八省同盟。以制皖派。由是直派之勢力。尤見雄厚。而直皖之交惡。基於此矣。

直皖交惡

直皖兩派之惡感。由來已久。如吳佩孚攻克岳州長沙。而湘督竟爲張敬堯所得。段氏信任安福系。把持朝政。致傾向直派之靳雲鵬。不能安於其位。均爲兩派交惡之引線。厥後果以段派肆意横行。逼靳辭職。直派不忍坐視。遂由吳佩孚通電擁護。并指斥段氏及安福之非。撤兵北歸。任南軍進攻長岳以示威。而相激相盪。遂日趨於破裂矣。

暗送長沙之陰謀

吳佩孚撤防。南軍進攻。長沙失守。表面上似爲南軍之啓釁。而實則內幕中有種種之陰謀在也。不然。張敬堯何故不以全力接防。譚延闓何以有戰勝北軍之實力。諸將何故不助張敬堯。長沙何以失守如此之速。張敬堯何故褫職留任。又何故以吳光新爲檢閱使。此中皆有可疑也。蓋接防之時果用全力。則南軍無從進佔。而此事自不致發生。且南北相持。窮年累月矣。譚浩明所不能守。譚延闓有何能力以進攻。卽曰吳佩孚之勁旅業已撤退。然南軍之困乏。亦已百倍於曩時。此時之節節進佔。決非戰之爲功可知也。卽曰張敬堯之部伍腐敗已極。然尚有李奎元、范國璋、張宗昌、馮玉祥、等在。安見竟無一人足與南軍抗顏者。可知諸將之坐視不顧固立意如此非偶然也。然卽使孤立無助。南軍亦纔到湘潭湘鄉。未嘗望見省城也。縱無嬰城之決心。亦何至望風而遙避。其退守岳州。決非由於長沙之不可守可知也。東海之對於湘事。固力持鎭靜態度者。至此而不能無所表示。乃欲令不能守之張敬堯。當返攻之任。既責張敬堯負此大任。而又加一吳光新之檢閱使。謂爲對南宣戰固不似。謂爲不對南作戰亦不能。所謂極雲譎波詭之觀者蓋在此時矣。是以欲知此事之內幕。不得不追溯吳佩孚之撤防。吳之撤防。靳閣時代迭請而未允者也。段氏所畏者。慮其順道直取長沙而吳北上後之爲曹添羽翼尙居其次若其蟠踞鄭州爲東西南北之梗則段氏所不及料者也在當時之張敬堯。欲去眼中之釘與背上之芒刺固深願其撤防靳閣既請假。東海即命參陸處電詢張敬堯。問其兵力是否敷援防之用張即覆電。自願負完全責任。於是撤防之議決。斯時在張意中亦未嘗慮及南軍有無問題也。乃團河方面方欲以對南作戰者爲段氏上臺壓倒徐靳之地步於是授意張敬堯俾勿竟援防誘南軍使越境以造成對南作戰之機會又令集兵力於省城勿分布於防綫以防吳佩孚之窺伺長沙故吳軍過岳時。謂全軍北上中道遇之援防軍隊只有一營往南云可知防綫之不守張敬堯仰承段意以致此張固無所逃其責而要非張之本意也然段氏誘南軍越境之計畫。爲討伐令張本也。乃南已越境。而東海堅不肯討伐。且以認爲局部問題者。默認其驅張。雖吳光新密屬張敬堯聯合在湘諸將。速電催促討伐。而東海仍凝然不動。斯時之薩代閣惟元首之命是聽。反不若靳閣時代。猶有容納段意之餘地也。府院既共同一致。於是不在其位之段合肥。亦竟無所施其技。團河智囊之徐樹錚。乃由庫倫來電用減價求售之方法。請以援湘令代討伐令。蓋前此脅迫下令之計畫。至是而軟化矣。段既軟化。東海乃轉硬化。對於援湘令。仍復拒絕。謂張固自負全責者。即援湘諸將。亦早徇張請而歸其節制者。奚煩詞費。段氏計無所出。謂僅失數縣。不足以動當世之目。必長沙失守。而後可惹起一般之注意。庶各督軍間。當有抱不平之人。俾東海於討伐援湘。無可推諉。於是更密告張敬堯。令退出省垣。此張所以有自往前敵。令李奎元代拆代行之電也。斯時湘省紳商。聞李將代張。羣思稍蘇殘喘。遽聯袂謁李。冀托庇護。張聞之怒。又段所授意。屬張由萍鄉退入贛西。而陳光遠差片擋駕之態度。業已明確表示。張乃竟不成行。李遂逕電中央。謂張並未成行。已並無代拆代行之事實。不得不聲明責任之誰屬。蓋張既有退出之一言。雖不欲退出。而亦不可得矣。其結果。更敲商會四十萬現銀之大竹槓而去。故長沙之事實不守耳無所謂失守。更無所謂陷落也。

政潮起伏之幕

段氏與曹錕內部之風潮。澎湃奔騰。爲時已久。分段言之。第一期爲段氏取攻勢之預備。第二期爲直曹防禦計畫完密。第三期爲兩方相持莫肯先發。團河會議。

忽决援陝調兵遣將。始以六混旅繼改九旅一師。忽焉而動員令下。忽焉而決以段爲陝豫剿匪總司令。適在吳佩孚撤防甫決之際。彼等計畫。實欲集重兵於河南以破八省同盟之陣勢。以爲段閣再出之張本。外間紛紛傳說。謂將假途滅虢。直派豫趙。岌岌其危。然直派應敵之布置。尚完全未有也。直派聞之。大爲悚懼。於是直曹先從事防禦。保定一帶。亦暗中徵調。欲阻其出兵之路。又漸及津浦北段。爲同樣之布置。曾不數日。京漢津浦之直隸轄地。沿線置兵。曹氏對魏宗瀚。對陳文運。皆有顯然之表示。問其出兵何事。是否奉政府明令。又進而派兵德州。監視兵工廠。更進而以吳佩孚暫駐豫境。與觀音堂及獨流鎮之奉軍。成常山蛇勢。而相對方面。亦今日籌餉。明日籌械。大有旦夕即將破裂之況。一般論者。輒謂如有破裂。即在近畿矣。特因此局勢之變換。而九旅一師。竟不敢出發。邊防處向京漢索車數次。又以吳師正在運輸。貨車雲集漢口。不能相應。及吳師至豫。而直派之布置已全。掩襲之計。又無所用。於是段派方面。又似無從下手。而兩兩相視。莫敢先發矣。

（此處為原稿印刷缺失）

此暗潮中。以吳佩孚撤防為一關鍵。吳之撤隊北來。原係曹錕欲厚中原之勢。而相對方面之所基。亦將在此。吳之由湘撤退。皆整隊以行。一師三混旅。無時不取集合之形勢。論者謂防暗算也。及由漢口北上。集中鄭州。南北之要衝。先已扼定。直豫鄂打成一片。雖信陽有上游軍。已在包圍之內。吳師又以一旅由鄭州西去。逼近洛陽。洛陽之兩旅西北軍。處於奉直兩軍之間。無形中受其監視。而吳氏抵開封。日受趙倜之歡迎。對於政局。頗多表示。據安福系人所傳說。謂王印川往謁。拒不之見。且在歡迎會之演說。詞鋒直指安福派。有深惡痛絕之心。彼等早已伯有相驚。謂吳佩孚將有何通電。有何宣言。今更皇恐萬狀矣。

復次則徐樹錚之不來京。為一大關鍵。段派以徐樹錚為發縱指使之人。此衆所公認者。當時段派。已迭拍急電至庫倫。促徐返旆。而迄未見到。有謂東海去電阻止者。有謂烏澤聲克希克圖去電告以察區直省將有暗算者。然內容未必盡是。原徐頗明大勢。已知現狀之無可為。而力主勿動。且不欲來京。以引人視線也。徐返烏得以後。即以一電致段。中分三層。一謂在京外各處之西北軍邊防軍。萬不可稍有移動。否則引起衝突。無決勝之把握。一謂某某來電。主對議和問題。彈劾元首。此事斷辦不得。徒打草驚蛇。反予人以口實。一謂上海王唐議和。如果有成。終是本派之利。請速督促王唐進行。但求和議於王揖唐手中成立。即可爲將來開一新局面。故當日局勢之略緩。由段派之中止活動。而徐氏實主之也。不過徐氏以外。又有使之不能不稍安靜之原因。則外間喧傳之京綏借款五百萬。日人忽中止談判。曾毓雋擔任餉需三月之言。驟不能應耳。

但事雖如此。而直皖兩系。無居中調停之人。徐段兩方面。感情日惡。亦無緩衝者往來其間。兩方偶有使命往來。亦互以外交手段相應付。而此時有奔走最勤。兩面討好者。則張懷芝是也。張日來往集靈囿與團河間。於團河之密議。無一不與。輒代負向徐游說之責任。及見徐則又見風使船。不敢盡其說。且乘間迎合幾句。如對湘討伐令。係張提出。而徐迄不允。電召直蘇奉三督入京。亦吳光新與張商定。由張進言。徐已允發電矣。而三督代表入府探問。知此一段曲折。徐亦恍然於當事人之非調人。因許三督以自便。及彼方見張種種言行之不掩。乃餂以組閣之說。謂君能盡力。總理之座。當屬之君。而此說亦無人代達徐側。其尤可笑者。議員鬧府之次日。徐以告張。張曰、總統何不解散安福部。某願盡力。徐目注其面而不語。張亦遂不再言。則所謂投機家者不足以言調人也。

至若湖南問題。和議問題。實爲徐段之爭點。段派既傾向於王唐之和議。東海則不明言不允開議。但謂如上海所議。能得岑陸之贊成。唐紹儀可以完全代表西南。則方能算事。故孫唐伍唐之宣言。迄今未得徐之承認。湖南問題。則自不肯下令討伐。繼之以張敬堯之逃。東海諉責於張。謂不看合肥面子。我且重辦。段派則謂政府自棄湖南。以陷張氏。而與南方有通同一氣之嫌。故張敬堯處分之命令。東海大受彼派之責備。由此可知。直皖兩方。嚴陣以待。而徐段之間。卒無調和之朕兆矣。

對於曹吳之辦法

自東海從保定方面之請求。罷斥徐樹錚以後。段氏對於曹吳之辦法。亦請總統下令革職拿問。其呈文數吳佩孚四大罪。一從前與譚延闓所發通電。曾稱徐菊人先生。爲蔑視元首。二擅自撤防。致湖南失陷。爲通敵禍湘。三不依陸軍部指定地點。而逗留鄭州。爲不服從命令。四即指最近之各項要求而干預政治。對於曹錕曹瑛。則與吳佩孚之罪狀大同小異。而請總統將三人褫職拿問。以肅綱紀。且爲進一層之說法。曰、請政府於二十四小時以內發布命令。否則祺瑞等不忍見綱紀之廢墜。將自由行動。以處分之。此呈以段領銜。以將軍府之將軍及政界要人列名云。

兵困總統府

段氏、請懲曹吳之呈文上後。即派兵若干。圍困總統府。總統被逼。乃從其要求。發出曹錕免職留任與吳佩孚褫職查辦之命令。此令既下。段氏猶未愜意。乃繕討伐曹吳之令。逼總統蓋印。總統堅持不肯。曰。總統可以不爲。此令決不可下云。

將軍府之會議

段氏入京。赴將軍府開會。段述此事之經過。爲時頗久。不過宣暴二曹一吳之罪。而請令處戮各同人一公要求。其所要求之言。則謂今中央威信失墜如此。軍事綱紀。廢

（此處為原稿印刷缺失）

遂如此元首一無能力、不能裁制、而事事惟命是從、縱他人可忍、而我與中華民國關係最深。決不忍見此淪胥之禍。不能不出而整頓一番云云。當此開會之時。列席者百餘人。無一人與之辯難者。惟姜桂題頗有揷科打諢之作。於其叙及曹吳與已爲難之時。則答之曰。（此事不難。我可勸曹仲三向你賠禮。）於其述及安分直皖兩系之時。則答之曰。（我亦皖人。彼果排皖。便我也不答應。）於其言及拿問時。則詰之曰。（曹吳如何拿。如何問。）而段卽應之曰。（我自有辦法。）據與會之人所言。此老情狀。殆至滑稽也。開會以後。段亦旋返團河。有見段者。謂其兩顴發紅。精神頗有錯亂之象焉。

將軍府決策後之布置

段氏召集文武各重要職官。在將軍府開會。當衆演說。主張討伐吳佩孚與曹氏昆弟。幾爲誓師之形式。不類會議也。段氏幷謂現決定呈請總統將曹錕、吳佩孚、曹瑛、褫奪官勳。交我査辦。演說畢。衆皆無辭。段迺任段芝貴爲京師戒嚴總司令。吳炳湘爲副司令。自任討吳軍總指揮。徐樹錚總參謀長。令既發。薩等頗驚異。曾毓雋迺起言。現時我等惟當知有督辦。不當復問政府。督辦此言。當一致贊成云云。衆無言。而曾卽呼無反對。卽通過。迺取出擬就命令曹錕褫職留任。吳佩孚褫職拿辦。曹瑛褫職。高聲誦讀一過。復取出呈大總統文讀一過。無發言反對者。遂宣告散會。將各件交曾毓雋攜往國務院。遂返團河。而國務會議席上。亦遂將將軍府所發令作一形式上之通過。曾毓雋與朱深攜呈文及命令入府。勸徐蓋印。徐初不可。曾再三陳說。徐迺允免吳佩孚職。而對曹則不問。曾不可。徐言蓋印固易事。但因是使時局益紛擾。人民受戰事之苦。將誰負責。曾言總統止顧蓋印。一切自有合肥負責。苟總統不蓋印者。恐時局益難解決。總統且貽後悔云云。徐終不肯蓋印。迺召薩入府。令赴團河謁段。與商調和辦法。並別召曹汝霖陸宗輿入府。請擔任調人。務請段氏勿持之過急。致時局益紛擾。而吳曹之令則權時擱置。薩氏迺赴團河。以總統之意與段商。謂總統希望和平了結。以免吳佩孚職爲止。一面派人赴保勸曹共息干戈。段不可。謂總統免曹吳職與否。彼亦自有權衡。我不便干與。亦不必干與。縱彼不下令。我豈遂不能免曹吳而拿辦之耶。言時。態至堅決。薩勸之再三。段殊無允意。迺返。故是項命令。雖于第一次命令單中未見。而段派則非迫徐下不可。徐無實力。不能堅持。而此令乃不得不下矣。

段曹兩方面作戰之計劃

(一)團河方面將重砲兩門。以四百餘人駕駛南行。聞此砲可容轟藥二百磅。口徑二十五生的。每彈重一千磅。彈之炸面二百平方密達。射程二日哩半。(合中里二十餘里)爲日本有名之八幡鐵廠所煉之鋼。口東京帝國兵工廠名手之製造。係第二批軍械借欵中之物。河團方面所設之定國軍辦事處。已將臨時各項職員。妥爲分配。內劃戰區留守兩大股。所有辦事各員。均係各軍軍佐分任。惟秘書一席。係某議員擔任。(二)開往前綫之第十三師。已將某營編爲前線斥堠隊。至涿州後。卽將附近各村嚴行搜索。並設步哨。以備大隊開到後。駐紮設防。(三)保定曹吳及第三師各參謀長、各高級軍官、會議討論作戰計畫。除將前線各軍。分佈妥協外。尤注意大本營之援軍。曹仲三並派代表劉志陸赴中立各省游說。冀獲最後之援助。(四)直軍方面。第三師之一旅騎砲兵各一團。亦全數開到高碑店府近。並以王承斌蕭耀南兩旅任左右翼之警戒。持滿待發而已。(五)馬廠左近直軍已經集中。曹瑛刻又調撥砲兵營開至韓柳堡。並從榆關調馬步隊兵各一營。添駐北倉一帶。均日夜為軍事上之預備。此外直軍旅長商德全因軍事上關係。曾將津浦鐵路在德州境內之北段。炸毀兩段。以阻敵軍之前進。(一六) 倪嗣沖現有密電一件到京。逕達段合肥。電中大安。係聲明願以安武軍二十營援助定國軍。

至於吳佩孚氏之作戰計畫。係分二路。以王承斌等之軍隊。循京漢鐵路作戰。彼將親率第三師之第五旅。出奇兵直搗團河。與段氏相周旋。當直皖兩系將決裂時。直軍曾向邊防軍西北軍寄出散告書及宣佈徐樹錚罪狀文。而團河方面。曾派飛艇翔至高碑店保定一帶。由空中散佈曹吳罪狀書。以為報復。兩軍計劃雖具。尚互持未發。其勢則甚洶洶云。

段氏預定之戰略

段氏於決裂時。召集全體上級將佐。暨邊防司令部顧問諮議等。在團河會議。其計畫。(一)以迅雷手段。密令丁士源將京漢車輛調集北京漢口兩處。使曹吳之兵不能北上。(二)分調各軍。北路派曲同豐全師。及陳文運、劉詢、魏宗瀚、各兩團。突攻涿州而搗保定。南路吳光新、張敬堯派各出兩旅。由漢北上。先據守信陽。然後會同河南南陽鎮守使吳慶桐之兵。北攻鄭許。東路令馬良派王旅及五師之一團。由曹州旱道進攻歸德。會同皖軍進攻開封省城。西路密令駐洛之西北軍兩旅。速佔領汜水虎牢險要。(一)俟各路得勢。衝出滎陽奪廣武山。以護黃河大橋。會攻鄭州。至張敬堯殘兵除派兩旅攻豫外。尚餘七八千人。卽令分擾鄂贛。以擊兩省兵力。此段軍預定之戰畧也。

段曹兩軍之優劣

段氏維持安福地位之軍隊。自號定國軍。吳佩孚之軍。固自謂討段徐者。則號稱討逆軍。定國軍凡分軍爲四路。第一路爲曲同豐之邊防軍第一師。第二路爲陳文運之邊防軍第三師。第三路爲魏宗瀚之第九師。李進才之第十三師。第四路爲劉詢之第十五師。此四路五師之中。邊防一三皆全師。而第九師則宋支隊長在俄邊。在京者惟二團也。十三師一團爲公府衞隊。一團尙留豫北。所餘亦纔一混成旅也。十五師之一部分。爲吳長植所統率者現方在魯勦匪未歸。亦非全師。總計兵力當爲三師半。雖然、此三師半之兵力。固未可以三師半視之也。李進才之十三師。本表同情於徐東海者。迄今未肯開也。則此師兵力未必能加入定國軍內。故軍隊之實數。纔三師有餘。合計兵卒之數。不過三萬七千人。若言戰鬥力。則劉詢之第十五師。本爲直系主軍。馮氏之親信軍隊也。其下級軍官。多傾心於直系。劉之轉入段系。亦但爲謀得利械與餉銀計耳。此軍之未必能爲安福用。又可知也。故段氏但令駐紮長辛店。爲後路援應邊防軍第一師。未經戰陣士卒聞吳佩孚三師有常勝之名。恐已內怯。當其將出發時李委員解子彈至北苑。軍士有質問開往何處。與何人作戰之說。且一師之下級軍官。皆保定軍官學校畢業生。曹錕在保。禮軍官學校學生甚厚。星期休假特於各戲園池座中爲軍官學生備座。而點戲之單。則數日前卽送至軍官學校。以是凡出自保校者。罔不德曹。故其心亦有未可知者。總觀各師。似以第九師之兵力爲最可恃。段芝貴氏迺親率以爲中軍而令一三兩師爲左右以十五師爲後衛說者謂此種布置實非良善。苟十五師在後方稍動者。則前軍亦不免有所動搖也。

吳佩孚之討逆軍惟三師本部及一二兩混成旅合計二萬七千人。親率三師以爲中堅。而以一二兩旅爲左右翼。在保定之補充一旅。曹錕之衛隊。及新由天津開至保定之六營爲後援。軍數雖不及定國軍之多。而皆一心。且張作霖將派兩師入關。爲武裝的調停。是則段軍又添一勁敵矣。

調和之絕望

段氏亟欲以另法驅除政敵。故暫不下攻擊令。更擬堅請總統下一命令。以段氏督理近畿各軍。加以便宜行事特權。其呈文之方式。以參謀總長名義。呈請元首行之。至若天津方面調人陸宗輿、姜桂題、見曹銳結果。謂曹錕苟能認錯。則段合肥決不咎既往。曹銳以此意電致曹錕。曹錕覆電云。東海免我的職。我知決非東海之意。但要我認錯。則盜賣路礦。糜爛中華。認賊作父之徒。亦應認錯。我等大家向國民認錯。同時下野。則亦何難。我非一日無權不能做人者。曹銳以此言轉告調人。調人認爲無辦法。然曹氏此番論調。尚非表示卽行攻擊皖軍之意也。故東海又在集靈囿後樂堂。召開緊急會議一次。列席者爲姜桂題、張懷芝、李思浩、張壽齡、王懷慶、馬龍標、吳炳湘、王達、李進才。專爲研究應付段曹之種種計畫。最要之點。東海仍主調停。及切實保護京師地方治安秩序。惟姜桂題向東海聲明。嗣後決不再任調人。無論段曹鬧到何等地步。渠概不過問。蓋雙方破裂。至此決無轉圜之望矣。

官兵之不願助段

段氏自由行動之後。第九師官兵。不肯助逆。師長魏海樓。對官兵演說。官兵以師出無名爲詞。一致反對。魏當場卽昏迷倒地。不省人事。感受急病。邊防第一師旅長程長發。見勢不佳。乘車潛逃。下級官兵。亦會議觀望。誓不前進。段氏聞之。卽下嚴厲命令。如不前進。卽以機關槍督之。格殺勿論。而第十五師與第九師已發生兩次衝突。各死傷二百餘人。戰事未開。已至如此。天理人心。於斯可見矣。

戰機之發動

（此處為原稿印刷缺失）

段氏決計從事戰爭。參戰軍第一師已抵玻璃河。而第三師亦開拔前往京漢車爲兩方軍隊所扣。以是通車停駛。吳佩孚之先鋒隊亦已抵高碑店。河南之直軍。且向北運。戰事迫于眉睫。據安福部人言。段部軍械甚充足。凡新購入者二(一)爲購自日本者。由曾毓雋經手。權時由交通部擔保。可不付欵。惟別有條件。(二)購自捷克軍者。迺捷克軍在俄奪得之俄舊黨槍炮。由王某經手。係用現金購買者。并揚言吳佩孚無足畏。謂其每槍止有彈二百餘粒。每炮止有彈一百五十餘發也。詎知一經交綏。即行潰散。以致一敗塗地也。

衆叛親離之段氏

段氏之主力。爲邊防兩師。而軍官皆曾受教育者。對於無聊之內爭。爲個人權利而戰者。早不謂然。段之訓詞。於軍官則告以直派掌權。將並諮議差遣而不可得。於兵士則怵以我一失勢。即將解散。以爲可以激發其感情矣。然軍人雖臂纏白地紅條之印布。而心實不欲。前線曾發生非正式之衝突一二次。段派公報。名曰誤會。實則邊軍與邊軍戰。直可名爲倒戈。魏宗瀚之一團。已全附直軍。原係直派之某師。抵前線以後。又宣告中立。而邊防軍中人物。與直軍將士。非姻卽故。相率表示不戰。有該軍中之某外人語人。謂如欲該軍作戰。除非將軍官另換一班。可見其形勢矣。加以兵係新招。未經戰陣。自知不敵直軍百戰之衆。氣已先餒。而尤深切著明者。則如辦訓練處之靳雲鵬。於本軍之事。全不預備。所恃以嚇人之飛機。而英技師撤回以後。秦國鏞、姚錫九、等一律辭職。有機而不能飛。丁錦雖長航空處。而自切諫不納以後。已閉門不問事。段氏一怒。撤去其差。誠所謂衆叛親離也。

段氏之逃走回京

直系之吳佩孚。則抱(擒賊擒王)之訓。先以手槍隊便裝。佔據固安涿州兩處。將電報等交通機關守住。卽派大兵星夜赴團河擒段。孰意漏一分機。未曾注意。卽以此種消息洩段。段一面飛調救兵。一面向京城逃走。但救兵到時。吳軍僅離團河十餘里。在段個人安全方面。不可謂不險也。

段氏自願罷戰

自東西兩路潰敗後。段氏自知大勢已去。無可挽回。遂電曹錕、張作霖、及蘇、鄂、贛、三督。引咎自劾。並即呈請辭職。其措詞畧謂此次戰事。實係祺瑞一人措置失當所致。請總統褫奪官勳。取消定國軍等語。東海披閱之下。笑謂左右曰。早知今日悔不當初。遂囑田文烈、曹汝霖、將辭呈送回。段氏又派靳雲鵬、張懷芝、傅良佐等赴津調停。息戰並願承認四條。(一)懲辦徐樹錚。(二)解散邊防軍。(三)解散安福部。(四)解散新國會。

段氏失敗時代之各路文電

順直三團體宣布段祺瑞罪狀電文

大總統、國務院、各省督軍省長、各省省議會、商會、教育會、各報館均鑒。民國不幸。迭遭變亂。兵匪縱橫。民窮財盡。國權喪失。億兆離心。推原禍首。皆由爭權奪利。倚恃外援。剛愎自用。晚節不終之段祺瑞。於此數年中。喪心病狂。倒行逆施。使我國家操縱於鄰邦軍閥之手。人民宛轉於武力慘暴之下。國危民斂。遺害無窮。今復媚外逞兵。脅迫元首。糜爛京畿。擅開兵釁。吾直民商。痛恨切齒。特將該凶段祺瑞罪狀宣布天下使全國曉然於該凶段祺瑞之萬惡滿盈同聲致討以明是非之所在(一)段祺瑞自袁項城去世以後三總閣揆愈變愈奇目無總統任意橫行囂淩氣燄等於操莽以致寬厚大度如黃陂患難舊交如河間亦均凶終隙末莫能相容至於東海就職事事承教倚畀敬信過於項城宜若可以相安矣乃段祺瑞恃勢而驕達於極點視東海若傀儡待同官如奴隸頤指氣使炙手可熱靳雲鵬雖其門生然既為總理論體制應在督辦之上乃段祺瑞於院部有關係之文函均親筆批有交院交部字樣其下屬奉命轉達於院部者則直書曰奉督辦諭交總理總長辦理等字樣儼以元首自居今更擅改元首已蓋印之命令逼取元首之印綬自由擅發試問紀綱何在此其大罪一(二)段祺瑞於民國三年日本要求二十一條之時自言於眾願與日本一戰以雪國恥曾幾何時大變宗旨信任曹陸借用日欵五萬萬元將東三省森林礦產及滿蒙熱河鐵路之權拱手以售於日人又將山東膠濟高徐順濟等鐵路與日本訂立合同致成為青島問題使山東亦將為東三省之續甚至訂立軍事協約而日本軍隊長入北滿[illegible][illegible][illegible]

（此處為原稿印刷缺失）

戰練兵而日本軍官攫我兵權於是贊成簽定德約主持直接交涉無一不爲媚外之作用以自亡其國與李完用、張邦昌、謝米諾夫之徒何以異此其大罪二（一）段祺瑞於袁項城時往往以項城任用權術利用金錢收買下級軍官唆使反抗上官之舉爲不然不料彼自執政以後變本加厲暗使陳樹藩驅逐陸建章以去陝陰令劉存厚戕殺戴戡以犯上唆使陳復初反對譚延闓以亂湘其餘廣用金錢結合各省軍隊以自固凡有所求增兵增餉者無不允許以致軍隊日多財源日竭至於今日不可救藥此其大罪三（一）段祺瑞自來頗惡政黨暴徒之所爲故有解散舊國會之舉不料復辟以後組織安福俱樂部以金錢百元以至千元最少者亦每人每月三百元以議員四百餘人之衆平均每人每月五百元年須五百萬元此外黨員薪水收買舊議員造作上海私和運動孫唐等又費去五百萬元此外一切黨費又須數百萬元合計年在數千萬元以上其爲擴充個人之勢力私自盜賣借款人民不知政府無案者尚有十餘次此項經費源源不竭而對於所有軍隊則數月不發薪餉致使兵隊潰擾釀成民兵怨恨不平之聲盈於海內大變由此而作非僅使人各破產廉恥喪盡貽害於天下後世也此其大罪四(一)段祺瑞任用其爪牙徐樹錚種種作惡既縱使欺凌黃陂以成復辟之役又令威嚇河間致演三湘之舉近且以西北四混成旅授徐樹錚以入蒙古將辦理取消蒙古自主大功垂成之都護使陳毅用兵包圍阻止通電攫取其利以為已功而欲以欺飾天下豈非可恥可笑自是以後徐樹錚益無忌憚借辦路興業開荒為名濫借外債供私人揮霍操切從事蒙人日益猜疑致有近日熱河各蒙王私聯團體勾借日本欵項辦理銀行林礦以圖抵制徐樹錚之事見之各報確實可據是徐樹錚僅收取銷蒙古之虛名而釀成為叢敺爵之後患皆段祺瑞昏聵之咎也此其大罪五(一)段祺瑞向以清廉自命海內不知其底蘊者不免為其所愚今試查天津意租界段氏之宅為誰所賄送乎則徐樹錚於民國元年所得漢陽之欵以十三萬元分潤於段氏也又試查北京新造段氏之邸第為誰所賄送乎則曾雲霈以安福系之黨費為之興造春夏秋冬四季式之房屋以貢獻於段氏也復辟討逆所餘之欵二百萬元盡入囊中中日滙業銀行一百萬

(此處為原稿印刷缺失)

元之股分衆所共聞其他各銀行各公司之股莫不有段祺瑞之黨名清廉者固若是乎陽飾清廉陰實貪瀆以致爲徐曹等僉壬所牽制爲所欲爲貽害國家此其大罪六(一)段祺瑞吸食鴉片行賄賂者以此爲大宗僚屬窺探意旨從風而靡故其同系親信如陝西之陳樹藩湖南之張敬堯福建之李厚基甘肅之張廣建無不開禁種煙且購買種子給與各省農民以爲中國之大害又因籌安福黨費及要結同系軍人之心縱令販米售與外人合計一年以來出口米至二千數百萬民食日缺米價日騰全國人民無不受累是以一人之貪私致殘億兆之生命此其大罪七(一)段祺瑞迭次文電自謂淡泊無欲維持國家紀綱以欺天下耳目試問結公民團打國會以脅黃陂縱徐樹錚軍隊以脅河間皆爲一已登台之計此次免徐之令本已贊同乃以東海提出周樹模而已無與遂興無名之師淡泊者固若此乎無怪乎復辟之時檄文中所云事後歸田之言等於東風過馬耳也七年徐樹錚之自稱司令幷無元首明令傳艮佐棄城而遁幷不置諸軍法爲黨系撤馮玉祥之旅長部衆不服而改予以巡防統領以私意易孟恩遠之吉

督致遭反抗而收回成命維持紀綱者固若是乎無怪乎此次呈文中之自稱本上將軍又無明令而設立定國軍委任無數司令也已不能正而以責人遂令是非不明賞罰不嚴國事由此敗壞此其大罪八八罪之外更有該系黨員司法部總長朱深希承意旨濫用法權有異己者則周內以致其罪其有法官之執法不屈者則假他事以黜其人賄賂公行人民側目吞聲飲泣怨積寰區如是者舉行政立法司法三權無不爲安福派所壟斷即無不爲段祺瑞所操縱是安福派之惡皆段祺瑞之惡也曹汝霖陸宗輿之賣國皆段祺瑞之賣國也徐樹錚曾雲霈等之殘民皆段祺瑞之殘民也段祺瑞不滅則全國人民無再生之望且將使國家傾覆夷於朝鮮安南之列願我各省軍民同胞齊心努力衆志成城共伸義憤以彰天討此實爲全國存亡之所繫非僅直隸一省之關係也至有謂此次八省義師似以軍人干政爲嫌者不知弔民伐罪方爲仁義之師湯武之誅桀紂非以臣而犯君乎華盛頓主創美國非以屬地而叛祖邦乎此次歐美協商各國之戰[illegible]非以武力而維人道乎是在起義軍人之宗旨果否出於正義也爲民而

（此處為原稿印刷缺失）

戰。為國而戰。為正義而戰。夫何干政之嫌。敢告各省。聯軍速殲元惡。勿稍姑容。庶幾保我國土。安我黎民。國家幸甚。人民幸甚。順直省議會。天津總商會。直隸全省商會聯合會同叩寒印。

保定各團體聲討段祺瑞電文

各省省議會、教育會、商會、農會、各界聯合會、各學校、各報館均鑒。玄黃反覆。於今三載。國勢危急。民生凋敝。以莊嚴新造之中華民國。成為無法律無政治無是非無主權之國家。誰為為之。皆賣國首領段祺瑞徐樹錚等階之厲也。自段氏攘奪國權。把持政柄。以國家作一己私產。遂不惜破壞國法。犧牲民命。以逞其窮兵黷武之野心。乃使川湘閩陝。連戰經年。塗炭生靈。傷心慘目。私願未遂。更復倒行逆施。賣國以求一逞。路礦森林。抵押殆盡。私結密約。斷送主權。借款之數。竟達六億萬元。釀成國家破產之慘劇。而彼以此種代價。為豢養賣國黨羽之資。安福系銅臭薰天。親日派媚骨成性。我國家之元氣。國民之人格。殆為若輩斷喪無餘矣。去歲五月。外交事急。我國民怵於亡國之禍。迫於眉睫。乃以國民自決之精神。起而與國賊奮鬭罷學罷市奔走呼號而彼輩毫無悔禍之心復以暴力抵抗摧殘民氣言之痛心聞之切齒滬上和議已屆週年舉國人民引領切望而彼恐和議成功南北統一城社失據狐鼠無託乃派王揖唐襲斷和會淆亂是非以致分裂之怪象日呈和平之解決無望綜其罪惡擢髮難數流毒所屆不僅破壞國家一時之組織且將斷送國家永久之命脈亡國亡國國何由亡救國救國國何以救此皆我愛國同胞所當急發猛省者也此次徐孽罷黜舉國稱慶方期稍予薄懲戢彼凶頑而段祺瑞凶燄鴟張大起暴動喋血都門脅迫元首私下僞令擅開戰端若復再予容忍國家之命脈何存直軍同袍既負軍人衛國之責各省士民亦當盡匹夫有責之義願我全國各疆吏同伸義憤共彰天討不爲一黨一系之爭而宏救國救民之願保我民德固我主權解數年之糾紛謀國家之統一以民意與公敵戰以義軍與國賊戰勝敗之數不待蓍龜民國前途賴此一舉愛國志士曷興乎來直隸保定商紳全叩、元印、

吳佩孚出師討賊電文

各省督軍、省長、省議會、各團體、各報館均鑒、自古中國嚴中外之防罪莫大於賣國。醜莫重於媚外。窮兇極惡漢奸爲極段祺瑞再秉國政認仇作父始則盜賣國權大借日款以殘同胞繼則假託參戰廣練日軍以資敵國終則導異國之人用異國之錢運異國之械膏吾民之血絕神黃之裔實敵國之忠臣民國之漢奸也路線者國脈所在而南起贛閩北迄蒙滿要鍵無存者矣軍隊者國本所託而上自軍官下至下士完全易漢幟矣大逆不赦中外所聞斯而可忍人心盡死佩孚等束髮受書嘗聞大義治軍而還以身許國誓不與張邦昌、石敬塘、劉豫、吳三桂之徒共戴一天賊生則我死我生則賊死寧飲彈而瞑目不爲外奴以後亡往者憂衷百結以段祺瑞爲軍閥老輩固嘗睠念私交不忍遽伸大義但冀稍有悔悛亦復不爲已甚故請懲從犯安福妖孽徐樹錚等以私曲護此佩孚等之私意諒亦國人所矜察也乃其日暮途窮匪惟不悔尤復倒行逆施甘心舉民國以送異族躬爲操莽既一逐黃陂再驅河間今復脅迫元首失其自由僞造亂命暴戾陰狠爲振古所未聞篡上賣國尤中外所罕覯夫共和主權在民總統爲國民之公僕元首祖賊以賣國吾人盡忠報國亦當權衡輕重況在失其自由被脅之亂命佩孚等個人縱本末顛倒不難伏首以就戮爲國家計亦安能荒軍人之天職貽百載之笑罵事變至此惟有忍涕揮戈以與賣國賊盜相周旋但令悃悃血誠爲我四萬萬父老昆季所洞鑒佩孚等雖死之日猶生之年刀鋸斧鉞非所敢恤世或不察目爲皖直之爭愚懷耿耿竊所未平南北本屬一家直皖豈容二致今日之戰爲討賊救國而戰爲中國民族而戰其幸不辱命則佩孚等解甲歸田勉告無罪於同胞其戰而死爲國人爭人格死亦有榮無憾諸公或握軍符或主清議奮發討賊當有同情若其昧中外之防忘國家之義坐令國土陷於異族子孫淪爲奴隸千秋萬世自有公論非佩孚等所敢聞矣涕泣陳辭伏惟公鑒討賊軍前敵總司令吳佩孚率直軍全體同叩。

吳佩孚宣布段徐罪狀電文

各省巡閱使、督軍、省長、各護軍使、各鎮守使、各師旅長、各報館、各法團、學校均鑒、

民國八載海內分崩追原禍始段爲戎首謹爲我邦人君子袍澤兄弟剴切陳之

段氏祺瑞秉性凶殘專擅恣睢陰賊險狠自受知項城厠身軍界姨梁華殿爲愈已而暗殺以逞凶妬馮河間爲比肩而排擠以搆怨洎乎共和肇造入綰軍符高下在心黜陟由己援引小徐朋比爲奸購械吞欵庇惡亂法視總統爲贅旒視國疆爲敝屣視民意爲芻狗視約法爲弁髦以國軍爲一己之爪牙以疆吏爲一家之私產以他人之從違爲黜陟以一己之喜怒爲禍福膜視民瘼輕啟兵端嗜殺以爭殘民以逞唆使劉存厚禍川而令吳光新攫奪川督排斥譚延闓離湘而令傅良佐盤踞湘省卒至重慶喪師長岳敗衄連年烽火滿目瘡痍波及閩秦牽及滇粵誰生厲階至今爲梗尤可恨者專橫暴戾性與人殊用徐賣國籌邊則曰爲國進賢引賊擾亂內蒙則曰爲國啟土森林路礦則抵押淨盡民膏國帑則斲喪無餘利用參戰以供內爭對外則宣而不戰對內則戰而不宣騰笑全球坐失機會愧對友邦亦當無地自容稍有心肝何忍出此乃復藉端遷怒毆辱議員國會夭絕西南禍起製造安福系以禍國殃民剏設邊防軍以窮兵黷武我袍澤本不願爲萁豆之煎彼段氏偏欲作犬羊之鬪私借日債不下六億萬元盡爲鷹犬狐

鼠所銷費闠牆無底止之秋同室權操戈之慘清夜捫心當知自悔溯其覆前清而專制甚於前清覆項城而狠戾過於項城覆黃陂則教軍人犯上覆河間則使同氣相殘茲對今大總統又行故智段氏之肉其足食乎試問定武誰設計而賣友試問友邦誰作倀而賣國三臍揆席毫無成績分崩離析統一無期稍有廉恥當知退避乃權利熱中亟作馮婦假藉邊防督辦暗中操縱政權凡此逆迹昭著罄竹難書元首能除徐樹錚原爲俯從民意段氏以翦其羽翼因羞成怒圑河會議凶燄鴟張特派徐樹錚親率軍警包圍公府軟禁元首奪出印信擅發僞令都門喋血津保弄兵謀爲不軌覬覦神器鎮守使師旅長等忝列戎行密邇畿輔居晉鄭勤王之地效李郭撥亂之舉本救國衞民之志出討賊敵愾之師爲擁護元首計爲俯順輿情計爲保存國民人格計爲培養國家精神計不得不整飭戎行訴諸武力殲厥渠魁取彼凶殘攘除姦凶以紓國難公等或任封疆或居軍旅或屬商學團體或係言論機關救民救國諒有同情除惡除奸決無反顧如能助軍助餉均爲民國之同胞否則附逆盲從自有相當之對待既非黨惡助虐必不觀

望周章若能前途倒戈必當脅從罔治凡屬明哲之士必知順逆之分應天順人時不可失掃清君側奠我神京謹紓至誠海內共鑒西路總指揮陸軍第三師師長吳佩孚。東路總指揮薊榆鎮守使兼第四混成旅旅長曹鍈。後路總指揮第一混成旅長王承斌。四省經畧使署總參謀長潘榘楹。第二混成旅長閻相文。第三混成旅長蕭耀南。第五混成旅長商德全。新編第一旅長王用中。第二旅長李榮殿。第三旅長彭壽莘。冀南、鎮守使周符麟。第三師第五旅長董鎮國第六旅長張福來。參謀長李濟臣。率全體將士同叩。

直軍忠告段軍書

直軍全體將士。致書於邊防軍西北軍全體將士曰。我輩誼切袍澤情屬兄弟謹抒親愛懇摯之宣言。謹告於明順逆知大義者。夫同類不相殘。同國無義戰。千古之鐵案也。我祖軒轅氏制兵之始。原爲對外之用。北逐葷粥。南驅苗蠻。中原始有此一片乾淨土。洎乎北伐玁狁。西禦氐羌。與匈奴突厥金元滿蒙角逐中土。無非藉我國軍。固吾圉也。充國屯田。德裕籌邊。天下有道。守在四夷。我國邊防軍西北軍之設制爲對外禦侮之嚆矢凡屬袍澤噫不以手加額距躍三百邊防有託西北無憂矣乃野心權利者利用愚民政策採取軍閥主義擁我數十萬朔方健兒以爲同室操戈之用不以防邊而以防內憑藉西北討伐西南直視我堂堂國軍桓桓武士爲一家之鷹犬在昔專制時代天子討而不伐諸侯伐而不討西南各省同隸版圖既無賣國媚外之罪又焉有侵淩討伐之理矧共和國家以人民爲主體人民並非欲萁豆之煎軍閥偏欲爲鷸蚌之持剝我人民脂膏以重苦吾民耗我國家餉糈以疲困吾民我國民何負於軍人我軍人更何仇於國家天良未泯夜氣猶存既非至愚終當覺悟孰甘爲少數私人作牛馬哉亞聖有言民爲貴社稷次之君爲輕詩曰戎狄是膺荊舒是懲凡我軍人動作均應以對外爲主旨以民意爲依歸是在我軍人有覺悟心尤貴我軍人有辨別力彼野心私利之徒動輒曰服從命令擁護中央試問此項征討命令是否出於元首本心即令出自元首是否本於眞正民意爲治命耶爲亂命耶稍有常識者類能辨之挾天子以令諸侯久爲權奸之慣技唐文宗有言昔周赧受制於強藩今朕受制於家奴安

福系跳梁跋扈殆甚於閹宦貂璫而指揮安福禍國者惟徐樹錚一人我昂藏七尺男兒詎甘心供其驅使耶渴不飮盜泉之水飢不食嗟來之食熱不息惡木之陰彼安福系以路礦抵押外人屈膝借債豢養國軍以殘害同胞我國軍不乏忠義之士明達之人孰肯爲一黨一系效死命哉上年魯案發生我國軍有協力對外之熱忱借債發餉我國軍有不受外餉之義憤全國軍人聞風興起玉可碎而不可掩其白竹可焚而不可毀其節俠義高風鐵膽鋼腸誠足以凜烈千古矣全國本屬一家焉有南北之界北洋原係一體何有皖直之分國軍同仇對外又安有芥蒂之嫌邊防軍擬邊防之基礎西北軍開西北之宏圖我同袍方且崇拜之敬仰之不暇更焉有水火之虞耶此次直軍撤防原爲掃除禍國殃民之安福系及倡亂賣國之徐樹錚對於先進泰斗同氣友軍毫無挾帶惡感及並峙對敵行爲乃彼少數奸人自知無立足之地故爲揑造流言慫恿當道不曰與合肥督辦爲難卽曰與邊防軍西北軍搆怨是等無意識之讕言希圖妄施離間我親愛友軍必不爲其稍動此後凡我軍人遐邇壹體披肝瀝膽敵愾同仇耿耿此心可對

天日外禦其侮內息鬩牆堂堂男兒絕不墮其收買離間術中我軍人幡然覺悟不爲利用而彼術窮矣夫權利乃一時浮雲名譽爲第二生命寧犧牲權利以息爭詎犧牲名譽以助虐千秋萬世自有公論燕趙古稱多慷慨悲歌之士我邊防友軍暨西北同袍果有能先我著鞭驅除徐樹錚解散安福系以順人心而慰民望者則既可建擁護元首之大勳更可全維持合肥之令名非但所以愛元首愛合肥亦即所以愛國家愛人民也直軍願執鞭弭以從其後他日歷史增榮俾直軍得附邊防軍與西北軍之驥尾則榮幸多矣袍澤志士盍興乎來直軍全體將士敬告。

直軍將士再忠告段軍書

敝軍前次致邊防軍西北軍書諒邀鑒及謹再爲親切懇摯之忠言敬告於前線全體將士曰同室操戈爲軍人之大恥我輩同屬國軍情猶兄弟斷無鬩牆私鬪之理貴師旅處段徐指揮之下强迫開赴前線與敝軍爲敵必非出於本心何則敝軍既非背叛中央又非反抗元首更非有爭權奪利野心貴師旅亦何至與敝

軍爲仇敝軍所以討段祺瑞徐樹錚討安福系者原爲救國救民想貴師旅亦深表同情試思南北戰爭何人作俑賣國媚外何人作倀國危民病何人作祟追原禍始段爲戎首徐爲禍水而安福則助虐者也詎以堂堂國軍桓桓武士而甘爲賣國賊作鷹犬耶彼軍閥利用愚民政策動輒曰擁護中央服從命令試問段命徐樹錚包圍公府軟禁元首爲擁護中央耶抑危迫中央耶貴師旅此次出師攻擊直軍爲元首命令耶抑爲段徐命令耶徐樹錚奪出印信大總統已失自由國軍處此應助元首除段徐耶抑助段徐逼元首耶稍有常識者類能辨之元首幽囚之日正軍人救國之秋軍人坐視不救已爲有負天職若此軍起而救之彼軍則進而擊之有是理耶自問良知當能自解敝軍聲討安福爲救國也貴師旅進攻敝軍亦爲救國耶自貴師旅束裝出發敝軍已准備完全所以相持七日列陣以待未即猛烈攻擊者正不忍同室操戈輕啟炮火演煮豆燃萁之慘劇夙仰貴師旅袍澤兄弟深明順逆洞曉大義若能去逆效順幡然來歸敝軍敬當全體歡迎簞食壺漿以犒從者如有富於國家思想奮勇爲民除害殲除安福渠魁者敝

軍尤當盡禮致敬雖為執鞭亦所欣慕燕趙古稱多慷慨悲歌之士見義勇為當不乏人軍人報國自屬天職為救國危亡計為拯民水火計為國軍名譽計為諸君前途計均當審擇利害棄暗投明良禽擇木而棲賢臣擇主而事孰不息惡木之陰知命不立巖牆之下人非至愚終能覺悟孰甘為一家一黨供私鬭哉敝軍所與誓不兩立者不過少數安福系賣國黨魁耳對於貴師旅袍澤兄弟無私毫惡感近日貴師旅仗義來歸者日見其多敝軍咸與優禮相待親愛有加出谷遷喬則薰蕕自判助紂附逆則玉石俱焚孰得孰失何去何從根據天良當可自決掬誠忠告可質天日敢布腹心惟希朗照直軍全體將士忠告

曹錕驅除奸黨電文

各報館均鑒天禍中國降此凶殘安福禍國段徐庇逆種種罪惡中外共曉各省聯軍本救國之大義依法律之程式呈請大總統罷散禍國惡徒段徐為虎作倀違逆總統之命擅興無名之師各省聯軍於忍無可忍之中仍嚴束所部妥為防守不敢輕啟戰端遺害生靈段等以無隙可乘不能肆其野心乃陰謀詭詐一方

强迫元首下停戰令一方乘各省不備暗行襲擊下總攻擊令是非曲直事實昭然似此强盜行爲破壞國際公例按諸本國法律天理人情皆在必討之例茲謹正式通告各友邦及本國父老昆弟自今日始實行圍困奸黨根據地必將凶殘除盡奠固邦本惟祈公鑒曹錕

張作霖派兵入關電文

各報館均鑒竊作霖奉大總統令入都本愛國保民之素志抱寧人息事之苦衷冒暑遠征力疾奔走曉音瘏口出爲調停原期暫息爭端藉以稍紓國難無如我則垂涕而道人則充耳弗聞困難情形有非楮墨所能罄者厥後事機愈迫險象環生大總統日陷於荆天棘地之中我商民日困於火熱水深之下見聞所及慘痛難言五內如焚一籌莫展不得已星夜就道謀所以拯救之方乃甫抵奉垣即聞京師保定之間將欲發生戰事而由京到津避難者已絡繹於途大有瑣尾流離之象側身西望憤不欲生作霖本係軍人粗知大義受人民託付之重享國家寵賜之隆平時一粒一絲何莫非吾民之膏血回憶民國六年河間秉政羣陰煽

亂國難將生作霖乃有秦皇島扣留軍械之舉牲犧一切排除衆難然後總統國會改選問題乃得次第成立以有今日捨生救國不敢言功而對於大局之淪胥豈得置身事外慨自國體改革以後干戈滿地災歉頻年國瀕於危民不堪命現在浙有水患蘇有米荒直豫魯奉赤地千里天災示警民不聊生稍有人心者豈堪再啟兵戎害我無告之黎庶又況京畿重地遽作戰場根本動搖國何以立而京奉鐵路關係條約倘有疏虞定生枝節上年援湘援陝奉軍之在關內者尚散駐於灤洛之間若令阻絕交通勢必斷我接濟作霖爲戴我元首衛我商民保管我路線援救我軍旅實偪處此坐視不能義憤塡膺忍無可忍是用派兵入關扶危定亂其與我一致者甚願引爲同袍其敢於抗我者卽當視爲公敵大軍所至妖燄立摧紀律嚴明定秋毫之不犯風雲奮發敢露布之先馳皇天后土實鑒此心敬告海內伏惟公察張作霖印

張作霖勸段祺瑞勿袒護徐樹錚電文

段督辦鈞鑒我督辦光明磊落中外敬仰祗以二三僉壬朋比爲奸熒惑聽聽不

惜歛天下之怨以遂一己之私海內騷然婦孺共憤迺者、徐樹錚罷免籌邊使職原爲政府用人行政之常而若輩則妄造蜚語歸罪作霖日前冒暑力疾進謁祟階本以感恩圖報之誠願我督辦爲千古之英雄無受二三奸人之蒙蔽以免爲項城第二凡人所不敢言者作霖皆垂涕而道原自以爲效忠於我督辦至深且盡而彼輩反以爲負心此誠作霖所不解者也現在各省天災迭告民不堪命爲民上者方將撫卹之不遑豈堪再啟兵戎重爲民禍作霖何心安忍坐視且此次在京備悉奸人百計害我三省其種種陰謀已披露於全國作霖反覆焦思忍無可忍如有敢於倒行逆施居心禍國卽視爲公敵誓將親率師旅剗除此禍國之障礙以解吾民之倒懸然後請罪於大總統我督辦之前以謝天下作霖叩。

張作霖等共舉義師電文

各報館均鑒。奉省獲犯姚步瀛等。供認受曾雲霈等指使。並定國軍第三軍委任。來奉招匪。擾亂地方等情。業經作霖通電在案。查該匪等所供。如招隊不多。卽在東清鐵路一帶擾亂治安等語。夫東清鐵路爲中俄樞紐關係外人生命財產比年以來經作霖等竭盡知能始將管理保護權限依照約章辦有頭緒乃奸謀揭露竟欲擾害路防不知該奸黨等與三省人民及旅居外僑何仇何怨寧竟忍而爲此現在幸邀天佑羣匪就擒而主謀諸凶尚復優游京邸盤踞政權此次共舉義師擁護元首討伐諸奸爲地方人民洩此公憤即以保護路權並保護外人之生命財產用再通電奉陳並希鑒察。張作霖鮑貴卿孫烈臣印。

張作霖揭破段派陰謀電文

各報館均鑒。奉省偵獲由北京派來姚步瀛等十三名。親筆供認受曾雲霈等指派。並有定國軍第三軍委任。給予大洋十二萬元。來東省招募匪徒。在山裏或中東路線一帶擾亂東省。使奉軍內顧不暇。牽制奉省兵力。且據曾雲霈云。款項如果不足。即由哈爾濱綏北木植公司取用。不拘多少。該公司係曾雲霈所開。並說此事詳情。已與徐又錚妥議。商承段督辦意旨。決定照此辦理等語。姚步瀛並自認爲督辦謀主。一切計畫。均經詳細供明。姚步瀛係大理院院長姚震之姪。姚震並經參與會議。此案獲犯以後。即經急電段督辦詳詢。據覆並無此事。督辦素來光明。具有世界眼光。諒不錯亂至此。惟眞贓實犯。供證詳明。設非奸人指使。從何得此重金。大理院長。爲法律最高機關。乃竟預此奸謀。國之前途。何堪設想。作霖此次入都。對於奸人圖直圖皖圖蘇贛豫鄂種種計畫。均已詳晰無遺。三至團河。垂涕而道。卽出都以後。曾發庚電。對於督辦痛陳利害。登諸報端。爲天下所共見。自問冒暑奔馳。往來調停。無負國人。卽奸黨意旨未洽。尋仇啟釁。亦祇及作霖一人。與東省人民地方何仇何怨。必欲使其同歸塗炭。近且布散謠言。謂義師意旨。含有復辟思想。夫帝制之不可復存。此稍具常識者。皆能知之。凡我同志。皆屬共和功首。豈肯生此拙謀。奸徒窮蹙無聊。乃造作誣衊之語。舉動如此。狗彘不如。當爲有識者所共悉。無足深辨。近見報載督辦呈文。自稱本上將軍。而文內乃痛詈吳佩孚之種種不法。夫對於大總統而稱本上將軍。民國以來。亦尙無此公文程式。此皆奸徒有心搆亂。陷督辦於不義。禍全國之人民。便逆黨之陰謀。逞疆吏以兵諫者也。作霖此次出師。爲民國誅鋤奸黨。爲元首恢復自由。拯近畿數百萬人民於水深火熱。倘國難不解。黨惡不除。誓不旋還鄉里也。特電馳陳。張作霖印。

段祺瑞請拿辦曹吳呈文

呈爲揭劾奸凶。呈明拿辦。以整綱紀而振人心事。竊維國於天地。必有與立。法制紀綱。人人所應恪守。封疆大吏膺方面之重寄。爲羣衆所具瞻。宜如何正己率屬。恪供爾職。以報國家倚畀之隆。而盡守法服官之責。若曹錕者。始以第三師長。奉派入川。無功而歸。尚無大過。適直隸督軍員缺。遂以畀之。意尚不滿。尋與張勳歃血爲盟。秘圖復辟。討逆軍突起。馬廠聲威甚盛。曹錕中輟。乃請附義軍。鼠首兩端。論功已屬可恥。事未幾即定。而彼驟增三旅。並要請上將頭銜。比因湘戰方亟。姑予報可。授以兩湖宣撫使之任。兼第一路總司令。俾率衆南征。詎彼徘徊漢上。擁兵不前。繼假吳佩孚轉戰之力。獲拔長岳。而曹錕不以爲喜。反從而媢嫉之。政府擬任吳佩孚湖南督軍。曹錕則再四力阻。惟恐其名位出己上。嗣授以孚威將軍。而曹錕仍怏怏時出怨言。謂政府將奪其所部。於是委師北旋。逍遙津保。嗾使吳佩孚叛變。一則要請經略四省。再則懇求增兵四旅。挾勢邀賞。不獲不休。政府欲資其力以收統一之效。遂不惜委曲以徇所欲。盡允其請。而率未出保定一步。今大總統當選時。吳佩孚以曹錕部將。仍敢妄肆詆諆。稱曰五朝元老。至就任後。猶稱東海先生。未嘗一盡敬上之禮。與入衡前行止頓異。電文具在。海內切齒。曹錕不惟不加約束。反曲代辯。縱容指使。情節已屬顯然。吳佩孚駐守衡州。暗與敵通。受賄六十萬元。沿途使用廣東毫洋。證據確鑿。無可諱言。擅自撤防。叛不奉命。逗留鄂豫。嚇詐金錢。盤踞京漢隴海各路。檢查郵電。梗阻交通。搜檢行人。礙及商旅。又監視鞏縣兵工廠。私留部械。扣阻陸軍部採購之軍米。意令京軍絕食。截留發給江西之槍彈。意令贛軍陷敵。目無政府鄰省。跋扈恣睢而曹錕乃派兵橫出京奉津浦各路。監視德縣兵工廠。遙與為應。且令所屬津保一帶隊伍。羣向京師修築砲臺。作長圍之勢。其膽大妄為。罪惡擢髮難數。此次湖南失事。全出曹錕奸詐所蔽。自知湖南淪陷。無顏居湘鄂川贛四省經畧之名。乃更覬覦直魯豫晉四省巡閱之職。覬覦而不遽得。羞懼無可掩飾。則妄造黑白。攻擊西北邊使。迫挾元首。違法出令。以洩驕蹇之氣。外蒙全境。大逾內地數省。辛苦收回。未費國家一錢。較之喪失湘省。損兵棄械。害民禍商。相去何啻天壤。不知為國進賢。乃獨數數勾通陸榮廷。誘惑元首。屢請起用復辟罪魁之張勳。誠不知是何肺腸矣。至其貪墨黷貨。不恤士卒。尤堪痛恨。南征時國庫奇絀。强索軍費數百萬元。儲之洋行。預避抄檢。於私宅起造花園。窮極工巧。計費在數十萬之鉅。而所部服裝餉需。乃勒欠數月之久。不復補放。現又派人四出。煽惑軍隊。視北京儼如敵國。肆意設計。困絕京師糧食。圖激民變。不復顧念各國駐使及僑居商民。似此包藏禍心。貌爲戇愚。始則憑藉寵靈。擴張權勢。終乃奮揚凶狡。危害國家。其一切貪謀詭計。均由其弟曹鍈爲之佈畫。亦難兄難弟也。本上將軍。創建民國。至再至三。參戰一役。費盡苦心。我國國際地位。始獲超遷。此後正當整飭紀綱。鞏固國基。何能聽彼鼠輩。任意敗壞法律。牽惹外交。希圖搖動邦本。謹用揭明罪狀。上請大總統迅發明令。褫奪曹錕、吳佩孚、曹鍈等三人官職。交祺瑞拿辦。餘衆概不株連。整飭紀綱。以振人心。而定國是。去腹心之患。則統一可翹足而待。兵隊現經整備。備齊即發。伏祈當機迅斷。立沛大號。與天下更始。不勝激切屏營之至。謹呈大總統。

段祺瑞傳檄通電

爲檄告事。案查曹錕、吳佩孚、曹鍈等、目無政府、兵脅元首、圍困京畿。別有陰謀、本上將軍。業於本月八日。據實揭劾。請令拿辦。罪惡確鑿。誠屬死有餘辜。九日。奉大總統令。曹錕褫職留任。以觀後効。吳佩孚褫職奪官。交部懲辦。令下之後。院部又迭電飭其撤兵。在政府法外施仁。寬予優容。該曹錕等。應如何洗心悔罪。自贖末路。不意令電煌煌。該曹錕等。不惟置若罔聞。且更分隊派兵北進。不遺餘力。京漢一路。已過涿縣。京奉一路。已過楊村。進窺張莊。更於兩路之間。作擣虛之計。猛越固安。乘夜渡河。暗襲我軍。是其直犯京師。震驚畿甸。已難姑容。而私勾張勳出京。重謀復辟。悖逆尤不可赦。京師爲國家根本重地。使館林立。外商僑民。各國畢屆。稍有驚擾。動至開罪鄰邦。危害國本。何可勝言。更復分派多兵。突入山東境地。逕佔黃河岸南之李家廟。嚴修戰備。拆橋毀路。阻絕交通。人心惶惶。有岌焉將墜之懼。本上將軍。束髮從戎。與國同其休戚。爲國家統兵大員。義難坐視。今經呈明大總統。先儘京畿附近各師旅。編爲定國軍。由祺瑞躬親統率。護衛京師。分路進勦。以安政府而保邦交。鋤奸凶而定國是。殲魁釋從。罪止曹錕、吳佩孚、曹鍈等三人。

其餘概不株連。其中素爲祺瑞舊部者。自不至爲彼驅役。卽彼部屬。但能明順逆。識邪正。自拔來歸。卽行錄用。其擒斬曹錕等獻之軍前者。立予重賞。各地將帥。愛國家。重風義。遘此急難。必有屨及劍及興起不遑者。祺瑞願從其後。檄到如律令。

祺瑞印。

段祺瑞乞和電

保定曹經略使、天津曹省長、盛京張巡閱使、南京李督軍、南昌陳督軍、武昌王巡閱使、開封趙督軍、歸化蔡都統、張家口王都統、寧夏馬護軍使鑒、同密頃奉主座巧日電諭。近日疊接外交團警告。以京師僑民林立。生命財產。極關緊要。戰事如再延長。危險寧堪言狀。應令雙方卽日停戰。迅飭前方各守界線。停止進攻。聽候明令解決等因。祺瑞當卽分飭前方將士。一律停止進攻。在案。查祺瑞此次編制定國軍。防護京師。蓋以振綱飭紀。初非黷武窮兵。乃因德薄能鮮。措置未宜。致召外人之責言。上勞主座之廑念。撫衷內疚。良深悚惶。查當日卽經陳明。設有貽誤。自負其責。現在亟應瀝陳自劾。用解愆尤。業已呈請主座。准將督辦邊防事務管理將軍府事宜各本職。暨陸軍上將本官。即予罷免。並將歷奉獎授之勳位勳章。一律撤清。定國軍名義。亦於即日解除。以謝國人。共諒寸衷。奉達。即祈鑒察。祺瑞印。

段氏之軼事

段氏之家教

段氏世代業農。風尚質樸。家庭之間。無豪華奢侈之習。治家頗嚴。婦女子弟。無戲笑宣嘩之舉。閨門謹肅。婦女不得干預外事。在前清歷官統制及江北提督。律己甚嚴。取攜不苟。王士珍提督江北時。以清廉聞於時。段氏繼其任。尤敦勵風節。居家之時。起居有節。言笑不苟。惟每有弗懌。則恒詈及家人子女。以洩其忿。故家人皆畏之如虎云。

段氏之文藝

段氏、軍人也。文藝非其所長。然頗饒雅興。任江北提督時。曾拓官廨餘地。鑿水植樹。整治園林。以備游覽。落成後。自擬長聯。懸挂於內。中有好一派蕭殺景象之句。

其爲人之勁厲。可想而知矣。每逢從政餘暇。嘗學習書法。惟少習輒止。不求甚佳也。袁項城時。詩人騷客。悉羅幕下。其子克文幾以陳思自命。而段氏則不然。雖名士如樊山哭庵等。亦未嘗與之接近也。

段氏之艷遇

段氏由德意志留學歸國。同學者多滿漢貴胄。滿人蔭某其一也。段氏淡泊寡欲。少年無聲色之好。而蔭某則翩翩濁世佳公子。風流自賞。八大胡同時有其足跡焉。時有名家女。曰紫英者。奇女子也。欲物色英雄而侍之。名妓秋薇爲紫英庶母姊妹行。英庶母常與之往來。且以英事告秋薇焉。一夕。蔭某宿秋薇所。談酣。秋薇以紫英事告蔭。且曰。君英雄名士之儔也。欲訪英雄名士。舍君安屬哉。蔭即以段氏荐。固未知段之已聘婦也。且以爲戲言。聊以解嘲而已。明日。秋薇即具盛筵。央蔭某爲招段氏。段力辭其約。强之。不可。蔭誑以沽飲酒樓。共乘騾車。一鞭得得至秋薇所。段知受誑。而已無可如何。默坐終席。未嘗苟言笑。秋薇竊竊稱歎。而是時有美人暗窺屛角。芳心自許者。紫英是也。夜半席散。段氏歸寓。而猶未知已身之有美人暗窺屏角。芳心自許者。紫英是也。夜半席散。段氏歸寓。而猶未知己身之豔史。越五日。蔭某匆匆至。以紫英事告段。以已聘辭之。往還三數。蔭曰。彼美將爲君死矣。段心動。則曰。前言戲之耳。吾當不負彼也。蔭反命。顧已爲英父所微聞。大憤。痛責英及其庶母。庶母私謂英曰。事已至此。將奈何。與其忍辱。何如私奔。遂率紫英及一婢夜奔。至秋薇處。招段氏至。告以留則生。棄則死。段不得已而諾之。遂與約法三章而定議焉。(一)紫英終身居別室。不入段宅。(二)段之家事。紫英不過問。(三)無夫婦之名。亦不居妾媵之名。紫英既嫁段氏。其庶母亦下堂。英父後雖知其事。然以名譽攸關。諱莫如深。久之亦無人道其事。段既得英。築香巢以貯之。嚴守祕密。雖至友戚不以告。段性嚴毅耿介。生平不作狹邪游。人亦不疑其爲此等事者。固至今知者極鮮也。紫英則託姓爲某。率俾僕治家。寓京西之某胡同。鄰右但知爲濶女子。而不知爲段氏外室也。

段氏之請求剪辮

段氏以北洋武備學堂畢業生。留學德國。斯時中國之留學者。寥若晨星。留學生背拖豚尾。一出門。輒爲國人所訕笑。於是多盤辮帽內以掩飾之。段氏深以此舉爲可恥。欲翦去之。當其翦時。適爲蔭午樓所見。急奪其翦。曰。芝兄發狂耶。何故爲此。段氏曰。吾寧狂而不願受辱也。兄休矣。我剪我髮。何與汝事。午樓曰。君以官費留學他邦。不告朝廷。自棄其辮。萬一朝廷震怒。絕汝學費。不特求學無成。卽歸國亦不得也。利害孰輕孰重。君其思之。段氏大悟。旣而曰。我終不欲受人譏也。午樓曰。曷不先電朝廷而後行之。段氏曰。可。遂致電軍機處轉奏清廷。請准予剪髮。清廷得奏。大加申斥。段氏乃詣午樓而謝之。曰。苟微君言。吾眞不能歸國矣。午樓亦笑曰。我亦當謝君也。段問何故。午樓曰。君之電去。苟朝廷許汝也。則吾亦援例行之。朝廷不許。吾亦無冒請之嫌。吾不當謝汝乎。觀於此事。可知段氏之血性。及蔭氏之狡黠矣。

段氏之學習游泳

段氏在德。初學游泳。幾乎溺斃。同學援之起。請德醫療治而後愈。據醫生云。再遲半小時。卽不可救。然受濕氣過深。將來必發瘡癤。其後果如所言。往覓前醫。則已死矣。其家人問知段氏姓名。卽曰。醫生遺囑有言。如有中國學生某某患病來求治者。吾已不及爲之治療。可介紹某君與彼。蓋非某君不能治也。言畢。卽以某君姓名住址告段氏。段氏按地往尋。果一治而愈。乃歎德醫之注意病人。固無所不至也。

段氏之執法不屈

小站練兵之時。袁項城以全權委之段氏。段氏治軍。號令嚴明。賞罰不避親疏。有某軍官者。合肥人也。以事當處死刑。段氏欲照律執行。其人大恐。託人言於項城之愛妾乞免一死。項城爲言於段。段氏曰。彼爲我之同鄉。吾苟縱之。何以治他人。吾不意老師以此教我也。項城知不可犯。默然而止。而項城愛妾。已受某軍官之厚賄。事竟不成。軍官家人。責償於項城之妾。事爲項城所知。曰。吾不謂受彼等欺也。於是其妾卽失寵焉。

段氏之翻譯兵書

段氏在小段練兵時。延請通儒。翻譯德國兵書。行將付刊。先示項城。項城愛其書而欲奪之。謂段氏曰。中西情形不同。何能以德國兵法。直行於中國。非大加變化不可也。段會意。曰。此事非老師莫屬。項城躊躇曰。吾苦於不能讀西書也。足下之譯本。雖可供參考。吾又何敢奪美。段氏曰。行之有利於國家公事也。豈爲一人之虛名計乎。袁氏曰。善。即留其稿。采其精華。重爲編纂。未幾書成。風行於世。世所稱爲袁氏兵書者。即此也。

段氏與小兵賭博

段氏嘗微服巡夜。遇三小兵聚賭。段亦欣然入局。故意大負。兵皆喜甚。明日。按名傳之至。謂之曰。昨夜之賭樂乎。今能再鬬一局否。兵大窘。叩首乞命。段氏反覆曉諭而免其罪。自是軍中益不畏法。賭更甚。越數日。復獲賭兵。段氏命置之於法。其兵不服。引前事爲言。段曰。彼初次犯。吾不忍痛責。故勸而舍之。並以勸勵汝等。今汝等知法犯法。是故違禁令也。言已。即揮出斬之。於是全軍肅然。

段氏之迷信夢兆

辛亥之歲。段氏統軍往漢口。晚間。夢一神人謂之曰。君此去當大貴。段問貴至何等。神曰。秉國鈞也。段曰。爲相國耶。神曰。實是名非。段聞而惡之。忽爲砲聲驚醒。以爲妖夢無憑。久已忘之矣。及民國成立。段氏竟爲內閣總理。就職之日。忽夢一人。與之滔滔細語。語皆奧妙不可解。細審之。卽前日夢中之神人也。段氏乃悟神所謂秉國鈞。所謂實是名非者。卽指內閣總理而言也。自是而後。段氏乃信夢殊甚。每遇作夢。必爲詳細推求。衡陽某君。素知星相醫卜之學。流落京師。落拓不自聊。聞段氏好詳夢。乃以此干之。果得一差。以資餬口。段氏之迷信。可謂深矣。

段氏之欺蒙張勳

張勳之復辟。發起於徐州會議。運動已久。各省督軍大半簽名贊成。故張勳乃敢發難。當時張勳亦派人與段氏接洽。段氏商之於秘書某君。某君曰。督軍大半贊成。大局已如是。明拒之。不如暗破之也。段氏曰。何爲暗破之。某君曰。彼督軍輩。非忠於淸室也。實爲一已之功名耳。此事發起於張。事成。張必居首功。各督能低首下心乎。是將來之爭端。已伏於此時也。公何不一面僞應老張。一面在暗中離間各督軍與張之感情。待其事旣發。公乃首出討伐。是一舉而成莫大之名也。段從其說。對於張勳之使者。不置可否。張以爲默許之也。於是事機成熟。復辟事作。而段氏乃誓師馬廠。成再造共和之偉人矣。

段氏之崇拜孫中山

段氏雖前清之官僚。然贊成共和。亦本至誠。初不欲以武力橫行於世。其造成安福禍國之現狀者。乃其黨人所為。而非段氏一人之罪也。故段氏雖非民黨。而頗崇拜民黨中人。其最欽佩者。為孫中山及宋漁父。當滿清未覆以前。孫氏鼓吹革命。一時皆以為大逆不道。段在歐洲。得讀其所著書。已私佩之。惟不敢昌言附和耳。及革命既成。改專制為共和。段氏嘗向人言其久佩中山之舊事。人問之曰。公當時何不從之。段氏曰。當時與中山共事者。良莠不齊。實不知其成事如此之速。吾當時不欲混迹其中者。因不願與流氓變相之革黨為伍也。至於中山。則我所至佩者耳。

段氏之遵養時晦

段氏反對帝制。免職下野。日惟角巾野服。楸枰一局。作閉門之張摯。高臥之袁安。而項城猜防甚嚴。不但忌段。并忌靳雲鵬。蓋靳氏雖無強勁之軍隊。然為段之門人。素所親信。於軍界尚佔勢力。故欲防段。亦必防靳也。段既下台。靳亦失援。乃附馮國璋以自固。馮與段。志趨雖不同。而感情尚洽。段既被黜。馮未免有兎死狐悲之慨。故各省勸進。馮爲最後。因是謠諑頻傳。謂段與馮。取同一之態度。將舉兵南京。反抗稱帝。於是袁氏內則嚴偵段氏之行動。外則假換防爲名。調陸軍第四師。第十師。屯駐上海。調第五師之一旅。駐紮蘇州。調安武軍之第一路。駐紮南京。所以防段氏與馮之內外結應也。然段氏雖賦閑居。其聲勢轉增於平日。蓋帝制爲萬衆所惡。段以反對而遭罷斥。人心翕然嚮之。此段之所以能推翻洪憲也。且此時尚有一極重大之關係焉。袁克定等猜忌段氏。乃自練模範軍。欲藉以改革北洋軍閥之勢力。而段氏則北洋之領袖也。一旦去職。北洋系人人自危。遂轉結段氏。以謀鞏固北洋系之勢力。故段氏投閑置散。遵養時晦之時代。正遺大投艱。暗中籌備之時代也。

段氏投閑後之謠諑

段氏閑居都門。手無寸鐵。而袁克定以君主世襲之關係。嫉段尤甚。既與袁乃寬等謀內重外輕之制。復遣人散布流言。謂段氏以反對稱帝被黜。居恒怨望。將聯絡各省舉義。而以徐世昌爲謀主。袁項城雖不之信。而慮其與北洋舊部有密切之關係。故對於舊時將士。亦多猜防之設備。徐辭國務卿。袁恐其居京師。與段氏表裏爲害。則諄囑其必駐津門。蓋不欲其密處都城。又不欲其遠離畿輔也。段氏對於徐氏。平日頗致傾佩。謠諑之興。亦有故也。況段氏此時。雖斧柯莫假。而北方將帥。皆傾心於段。實項城之心腹大患也。

段氏之清廉自持

民國以來。凡據當路。寄方面者。莫不擁貲數千萬。少亦數十百萬。段氏長陸軍最久。曾三爲首揆。其富當加人一等矣。而財產殊不及他人十分之一。卽京中住宅。亦無力改築也。計其三次組閣。所借外債。何啻億萬。居其間者。皆私囊充斥。富同石崇。而段氏殊無所取。故雖爲總理。服飾車馬。轉不若一總次長也。惜乎偏祖安福。致毀隆名。大可歎矣。

段氏之篤於友誼

段氏厚重寡文。言笑不苟。雖和靄豁達。弗逮東海。然毫無官僚習氣。與人交際。不尙繁文縟節。而一與之交。終身不改。平生折服項城。惟命是聽。惟對於帝制。則極端反抗。袁氏猜防備至。閒居鬱鬱。不敢越雷池一步。若在他人。未有不心懷怨恨。與之絕交者。而段氏則不然。帝制取銷之後。仍出而爲項城收拾殘局。殷殷懇懇。終無怨言。項城既歿。爲之照料家事。保護眷屬。尤非晚近之人所能及。且不輕然諾。有言必踐。與人交。初若落落難合。至既得其信任。則終始倚之。不以人言而生疑忌之心。故爲徐樹錚所愚弄。而始終不悟也。

段氏之嗜好

段氏不好貨。不好色。無宮室輿馬妻妾之奉。雖能飲酒。而不肯放縱。舉爵有數。間亦觀劇。對於譚鑫培、陳德霖等。亦擊節稱賞。獨不喜愛女伶。國務院員司。有酷好女優者。皆遭段氏之斥責。而藉以斂迹焉。惟生性好奕。一局相對。身世都忘。故王雲峯、吳祥麟等。皆羅致門下。惟技不甚高。性又好勝。奕而負。輒藉他事以詈家人。故與段氏對局者。恒破觚爲圓。弗盡其技。以博其歡心焉。

段氏之主張不定

將軍府決定用兵之後。段宅開秘密會議。段猶狐疑。而席中亦分兩派。如傅良佐一派。則涕泣而道。力稱必敗。而曾毓雋一派。則曰、現在交通一部。不能報銷之賬目。已二千餘萬。設無一點軍事行動。則此欵還是督辦拿得出。還是我們拿得出。段無以對。而小徐新免。又復助曾。於是段遂大動。而主戰之論。已在內幕中決定矣。

段氏開會時之面紅耳赤

段氏內幕雖定。而不能不在形式上通知各將領。於是以(本上將軍)名義。召集近畿各將領。在將軍府會議。席中發言者寥寥。經督辦宣布後。大衆僅盡唯諾之責。說話最多者。還推姜老將軍。姜老將軍挺身向段曰。(吳佩孚年輕。即有地方得罪了你。教他賠一個不是就好了。何至於勞動國家的軍隊。使小百姓受苦。)又曰。(你眞要打他嗎。)段曰。(眞要。)姜曰。(你打得他過嗎。)段曰。(打得過。)姜老將軍繼續冷笑道。(此刻的小孩子。比我們利害得多呢。你豈不是說你手創中

（原稿此處漏失一頁）

血歷史216　PC1052

新銳文創
INDEPENDENT & UNIQUE

段祺瑞重要謀士——曾毓雋回憶錄

附《段祺瑞秘史》

原　　著　曾毓雋
主　　編　蔡登山
責任編輯　林哲安
圖文排版　蔡忠翰
封面設計　劉肇昇

出版策劃　新銳文創
發 行 人　宋政坤
法律顧問　毛國樑　律師
製作發行　秀威資訊科技股份有限公司
114 台北市內湖區瑞光路76巷65號1樓
電話：+886-2-2796-3638　傳真：+886-2-2796-1377
服務信箱：service@showwe.com.tw
http://www.showwe.com.tw
郵政劃撥　19563868　戶名：秀威資訊科技股份有限公司
展售門市　國家書店【松江門市】
104 台北市中山區松江路209號1樓
電話：+886-2-2518-0207　傳真：+886-2-2518-0778
網路訂購　秀威網路書店：https://store.showwe.tw
國家網路書店：https://www.govbooks.com.tw

出版日期　2022年4月　BOD一版
定　　價　360元

Printed in Taiwan

國家圖書館出版品預行編目

段祺瑞重要謀士：曾毓雋回憶錄：附<<段祺瑞秘史>> / 曾毓雋原著；蔡登山主編. -- 一版. -- 臺北市：新銳文創出版：秀威資訊科技股份有限公司發行, 2022.04

面；　公分. -- (血歷史；216)

BOD版

ISBN 978-626-7128-04-6(平裝)

1.曾毓雋 2.傳記 3.訪談

782.882　　　111003887